POSOLSTVO KRÍŽA

POSOLSTVO KRÍŽA

Dr. Jaerock Lee

URIM
BOOKS

POSOLSTVO KRÍŽA od **Dr. Jaerocka Leeho**
Vydavateľstvo Urim Books (Representative: Seongkeon Vin)
361-66, Shindaebang-Dong, Dongjak-Gu, Soul, Kórea
www.urimbooks.com

Pri preklade biblických citátov z angličtiny do slovenčiny bol použitý zdroj: Svätá Biblia, Jozef Roháček, 2007.

Pôvodne vydané v kórejskom jazyku v roku 2002 vydavateľstvom Urim Books

Prvé vydanie Marci 2013

Editoval Dr. Geumsun Vin

Navrhol Editorial Bueau of Urim Books
Pre viac informácií kontaktujte urimbook@hotmail.com

PREDSLOV

Prajem vám, aby ste porozumeli Božiemu srdcu a Jeho veľkému plánu v láske a položili pevné základy vašej viere.

Prostredníctvom mnohých zámorských výprav od roku 1986 vedie *Posolstvo Kríža* nespočítateľné množstvo ľudí na cestu spásy a predvádza nespočetné množstvo diel Ducha Svätého. Napokon, Boh Otec mi požehnal jej publikáciu. Vzdávam Mu všetku vďaku a slávu!

Veľa ľudí hovorí, že veria v Boha Stvoriteľa a poznajú lásku Jeho Syna Ježiša Krista, ale nie sú schopní kázať evanjelium s dôverou. V skutočnosti len málo kresťanov chápe srdce a prozreteľnosť Boha. Okrem toho, niektorí kresťania sa od Boha oddelili, pretože nedostali jasné odpovede na mnoho otázok uvedených v Biblii a nepochopili tajomnú prozreteľnosť Božej lásky.

Napríklad, čo by ste povedali, keby sa vám niekto položil nasledujúce tri otázky: „Prečo Boh postavil v raji strom poznania dobra a zla a nechal človeka jesť zo stromu?" „Prečo Boh stvoril peklo, aj napriek tomu, že obetoval svojho Syna Ježiša Krista za hriešnikov?" a „Prečo je Ježiš jediným Spasiteľom?"

Počas niekoľkých prvých rokoch môjho kresťanského života som nedokázal pochopiť hlbokú Božiu prozreteľnosť stvorenia a

Jeho tajomnú prozreteľnosť ukrytú na kríži. Po tom, čo som bol povolaný ako služobník evanjelia, začal som sa sám seba pýtať: „Ako môžem viesť nespočetné množstvo ľudí na cestu k spáse a osláviť Boha?" Napadlo mi, že by som mal rozumieť všetkým slovám z Biblie, vrátane pasáží ťažkých na pochopenie kvôli interpretácii Boha a hlásať ich po celom svete. Postil som sa tak často, ako som mohol a modlil som sa za to. Uplynulo sedem rokov, kým mi ich Boh začal odhaľovať.

Keď som sa v roku 1985 úprimne modlil, bol som naplnený Duchom Svätým. Začal mi vykladať tajomnú Božiu prozreteľnosť, ktorá bola ukrytá. Bolo to „Posolstvo kríža." Kázal som to dvadsaťjeden týždňov pri každej nedeľnej rannej omši. Kazety s „Posolstvom kríža" ovplyvnili nespočetné množstvo ľudí doma aj v zahraničí. Kdekoľvek bolo „Posolstvo kríža" hlásané, Duch Svätý pôsobil ako ohnivý plameň. Mnoho ľudí konalo pokánie zo svojich hriechov a boli uzdravení z chorôb a z ochorení. Odhodili pochybnosti o Božej prozreteľnosti a získali pravú vieru a večný život. Až do tej chvíle nepoznali Boha a Jeho hlbokú lásku úplne. Začali chápať Boží plán, stretli sa s Ním a majú nádej na večný život prostredníctvom tohto posolstva.

Ak skutočne pochopíte, prečo Boh postavil strom poznania dobra a zla v rajskej záhrade, porozumiete jeho prozreteľnosti kultivácie človeka a budete Boha milovať ešte úprimnejšie. Navyše, poznaním pravého účelu vášho života, budete schopní bojovať proti hriechom až po krviprelitie, pokúsite sa čo najviac podobať sa srdcu Pána Ježiša Krista a až do smrti budete verní Bohu.

Posolstvo Kríža vám ukáže tajomnú Božiu prozreteľnosť ukrytú na kríži a pomôže vám položiť pevné základy pravdivému a dobrému kresťanskému životu. Preto každý, kto číta túto knihu bude schopný pochopiť prozreteľnosť a hlbokú lásku Boha, mať pravú vieru, založiť a viesť kresťanský život, ktorý je príjemný očiam Pána.

Všetku moju vďaku vzdávam Dr. Geumsunovi Vinovi, riaditeľovi a personálu redakčného úradu Urim Books, ktorí vynaložili všetko úsilie, aby bolo toto dielo publikované.

Nech nespočetné množstvo ľudí pochopí hlbokú Božiu prozreteľnosť, stretne sa s Bohom lásky a je zachránených ako pravé Božie deti – o to všetko sa modlím v mene Pána Ježiša Krista!

Jaerock Lee

ÚVOD

Posolstvo Kríža je Božia múdrosť a Božia moc a silné posolstvo, ktoré musia prijať všetci kresťania na celom svete!

Vzdávam všetku vďaku a slávu Bohu Otcovi, ktorý nás viedol k vydaniu knihy *Posolstvo Kríža*. Mnoho členov Manminskej cirkvi po celom svete sa teší na jej vydanie. Táto kniha dáva jasné odpovede na mnoho otázok, na ktoré sa pýta veľa kresťanov: „Čím bol Boh Stvoriteľ pred začiatkom vekov?" „Prečo Boh stvoril človeka a nechal ho žiť na tejto zemi" „Prečo Boh postavil strom poznania dobra a zla v rajskej záhrade?" „Prečo Boh poslal svojho jednorodeného Syna ako zmiernu obetu?" „Prečo Boh naplánoval prozreteľnosť spasenia skrze robustný drevený kríž?" a mnoho ďalších otázok.

Táto kniha obsahuje Duchom Svätým naplnené posolstvá kázané Dr. Jaerockom Leeom a osvecuje vás k poznaniu a pochopeniu hlbokej, širokej a veľkej Božej lásky.

Kapitola 1, „ Boh Stvoriteľ a Biblia," vám predstavuje Boha a to, ako medzi vami pôsobí. Prostredníctvom tejto kapitoly nájdete dôkaz, že Boh je živý a uvedomíte si pravdivosť Biblie vo svetle histórie ľudstva. Navyše dokazuje, že evolučná teória je nesprávna, a že vytvorenie sveta Bohom je pravdivé.

Kapitola 2, „ Boh stvoril človeka a zdokonaľuje ho" svedčí o tom, že Boh stvoril všetky veci vo vesmíre a stvoril človeka na svoj obraz. Okrem toho, táto kapitola vás naučí pravý zmysel ľudského života a účel Božieho povýšenia ľudí na Jeho skutočné duchovné deti.

Kapitola 3, „Strom poznania dobra a zla," dáva odpovede na základnú otázku všetkých kresťanov: Prečo Boh umiestnil v raji Edenu strom poznania dobra a zla? Táto kapitola podrobne vysvetľuje tento dôvod a pomáha pochopiť hlbokú lásku Boha a tajomnú Božiu prozreteľnosť, ktorá zdokonaľuje ľudské bytosti tu na zemi.

Kapitola 4, „Tajomstvo ukryté pred začiatkom vekov," vysvetľuje vzťah medzi zákonom vykúpenia pozemkov a duchovným zákonom o ľudskej spáse (Lv 25). Tiež vysvetľuje, že všetci ľudia museli byť kvôli hriechom zatratení, ale ešte pred začiatkom vekov im Boh pripravil úžasnú cestu spasenia. Napokon vás učí, prečo Boh ukryl spôsob ľudskej spásy až do doby, ktorú si On vybral a prečo je podľa zákona Ježiš kvalifikovaný na vykúpenie zeme.

Kapitola 5: „Prečo je Ježiš naším jediným Spasiteľom?" vysvetľuje, ako bol Boží plán ľudskej spásy, ktorý bol od začiatku vekov ukrytý, naplnený skrze Ježiša, dôvod Jeho ukrižovania, požehnania a práva Božích detí, význam mena „Ježiš Kristus," dôvod, prečo Boh nevybral pod nebom iné meno ako Ježiš Kristus, v ktorom budú ľudia spasení, a tak ďalej. Ak pochopíte duchovný vplyv posolstva zobrazeného v tejto kapitole, budete cítiť nesmiernu Božiu lásku.

Kapitola 6, „Význam kríža," vás osvieti hlbokým významom utrpenia Ježiša. Prečo sa Ježiš narodil v maštali a bol uložený v jasliach, ak bol naozaj Božím Synom? Prečo bol celý život chudobný? Prečo bol po celom tele bičovaný, tŕňmi korunovaný a priklincovaný cez nohy a ruky? Prečo trpel bolesťou až do preliatia všetkej Jeho krvi a vody?

Táto kapitola poskytuje presné odpovede na tieto otázky a pomáha vám pochopiť duchovný dôsledok Jeho utrpenia. Všetky druhy chorôb a ochorení, rovnako ako aj problémy, ako napr. chudoba, rodinné spory, obchodné problémy, a tak ďalej, budú vyriešené prostredníctvom vášho pochopenia a viery v duchovný význam Ježišových utrpení. Táto kapitola vám pomôže spoznať hlbokú Božiu lásku, zbaviť sa každého druhu zla a podieľať sa na božskej prirodzenosti.

Kapitola 7, „Posledných sedem Ježišových slov na kríži," vysvetľuje duchovný dôsledok posledných siedmich slov Ježiša tesne pred smrťou na kríži. Prostredníctvom posledných siedmich slov na kríži naplnil poslanie, ktoré mu bolo uložené Bohom Otcom. Táto kapitola zdôrazňuje, že by ste mali pochopiť Ježišovu veľkú lásku k ľudstvu, očakávať Jeho druhý príchod a bojovať dobrý boj až do konca v nádeji na vzkriesenie.

Kapitola 8, „Pravá viera a večný život," hovorí, že sa stávame jedno s naším ženíchom Ježišom Kristom len pravou vierou. Biblia varuje pred tými, ktorí hovoria, že veria v Spasiteľa Ježiša Krista, ale v súdny deň nemôžu byť zachránení. Biblie kladie dôraz nielen na prijatie Ježiša Krista, ale tiež na prijímanie tela Syna Človeka a pitie Jeho krvi na dosiahnutie večnej spásy. Môžete mať pravú vieru, ktorá vás dovedie na cestu spasenia, keď budete jesť Jeho telo a piť Jeho krv. Táto kapitola tiež učí podstatu pravej viery, ako ju získať a to, čo by ste mali urobiť pre dosiahnutie úplného spasenia.

Kapitola 9, „Narodiť sa z vody a z Ducha," najprv popisuje dialóg medzi Ježišom a Nikodémom. Táto výmena uzatvára *Posolstvo Kríža*. Vaše srdce sa musí neustále obnovovať skrze vodu a Ducha Svätého, až kým sa nevráti Ježiš Kristus a musíte si udržiavať celého vášho ducha, dušu i telo bez úhony na druhý príchod Pána Ježiša Krista, na čas, kedy vás Pán prijme ako Jeho krásnu nevestu.

Kapitola 10, „Čo je kacírstvo?" sa ponára do podstaty kacírstva a diskutuje negatívne a nesprávne chápanie mnohých kresťanov. Dnes si mnoho ľudí mýli alebo obviňuje silné Božie diela za kacírske alebo ich nedbalo spochybňuje, pretože nepoznajú biblické definície kacírstva. Táto kapitola vás varuje pred obviňovaním a odsudzovaním skutkov Ducha Svätého za kacírske a vysvetľuje, ako by ste mali rozlišovať Ducha pravdy od ducha bludu a poskytuje niekoľko kacírskych označení. Nakoniec táto kapitola zdôrazňuje, že by ste mali bdieť, neustále sa modliť a žiť v pravde, aby ste nepadli do pokušenia ducha bludu.

Apoštol Pavol o posolstve kríža a o Božej múdrosti v 1 Kor 1, 18 povedal: „*Lebo slovo kríža je bláznovstvom pre tých, čo idú do záhuby, ale pre tých, čo sú na ceste spásy, teda pre nás, je Božou mocou.*" Každý môže mať pravú vieru, stretnúť sa so živým Bohom a naplno si užívať kresťanský život, keď pochopí tajomstvo ukryté v kríži a uvedomí si hlbokú prozreteľnosť obrovskej Božej lásky k ľudstvu.

Posolstvo Kríža je základnou náukou vášho života. Preto sa modlím v mene Pána, aby ste mohli položiť základy svojmu kresťanskému životu a dosiahli úplnú spásu a večný život.

Geumsun Vin
Riaditeľ vydavateľskej sekcie

OBSAH

Kapitola 1

BOH STVORITEĽ A BIBLIA

- Boh je Stvoriteľ
- Ja som, ktorý som
- Boh je vševediaci a všemohúci
- Boh je autorom Biblie
- Každé slovo v Biblii je pravdivé

„Na počiatku stvoril Boh nebo a zem. "

Gn 1, 1

Mnoho ľudí na tomto svete trvá na tom, že Boh neexistuje. Ďalší ľudia zase uctievajú bohov stvorených ľudskou fantáziou alebo si vytvoria obrazy božích stvorení a uctievajú ich ako bohov. Aj keď Ho nevidíme, Boh je skutočne živý a je len jeden Boh, ktorého musíme uctievať. Boh je stvoriteľom vesmíru, všetkých vecí a ľudstva. On je vládcom a sudcom všetkého.

Aký druh bytia je Boh? V skutočnosti pre človeka nie je jednoduché vysvetľovať o Bohu. Človek je len zviera. Boh presahuje všetky medze človeka. Boh je neobmedzený a bez hraníc. Bez ohľadu na to, ako veľmi sa zamyslíme na základe našich poznatkov, Boha nemôžeme plne pochopiť a poznať.

Aj napriek tomu, že Boha nemôžeme úplne poznať, sú tu základné veci, ktoré ako Božie deti musíme vedieť. Základné body budú objasnené podrobnejšie neskôr.

Boh je Stvoriteľ

V súčasnej dobe na svete existuje nespočetné množstvo kníh, ale žiadna iná kniha okrem Biblie vám nedáva podrobné a jasné odpovede na otázky o pôvode a vzniku vesmíru a o začiatku a konci ľudského rodu.

Biblia dáva jasnú odpoveď na otázku o pôvode vesmíru a života. Gn 1, 1 hovorí: „*Na počiatku stvoril Boh nebo a zem,*" a Hebr 11, 3 hovorí: „*Vierou chápeme, že veky povstali slovom Božím, aby čo je viditeľné nepovstalo z viditeľného.*"

Nie všetko viditeľné bolo vytvorené z niečoho už existujúceho. Na Boží príkaz to bolo vytvorené z „ničoho."

Človek môže vytvoriť niečo z niečoho iného už existujúceho transformáciou alebo kombináciou materiálov, ktoré už existujú, ale nemôže vytvoriť niečo z ničoho.

Je nepredstaviteľné, že by človek mohol vytvoriť živý organizmus. Aj v prípade, že rozvinul vedeckú technológiu natoľko, aby vytvoril umelú inteligenciu (A.I.), počítače alebo klony jahniat, ani amébu nemôže vytvoriť z ničoho.

A preto, ľudia len extrahujú živé organizmy z vecí, ktoré dostali od Boha a spájajú ich rôznymi spôsobmi. Musíte vedieť, že to nie je nič viac ako toto.

Preto by ste mali vedieť, že len Boh je schopný vytvoriť niečo z ničoho. Len Boh Stvoriteľ stvoril vesmír Jeho rozkazom a riadi celý vesmír, históriu sveta, život a smrť, požehnanie a prekliatie ľudstva.

Dôkaz, ktorý vás núti veriť v Boha Stvoriteľa

Všetko – dom, stôl, alebo dokonca klinec – je navrhnutý niekým. Je samozrejmé, že musí existovať projektant tohto obrovského vesmíru. Mal by tu byť majiteľ, ktorý ho vytvoril, a ktorý ho riadi. Tým je Boh Stvoriteľ, o ktorom Biblia opakovane hovorí.

Keď sa pozriete okolo seba, je tu dostatok dôkazov o stvorení. Ako jednoduchý príklad si zoberme obrovské množstvo ľudí na zemi. Bez ohľadu na rasu, vek, pohlavie, spoločenské postavenie, a tak ďalej, každý má dve oči, dve uši, jeden nos s dvoma nozdrami a jedny ústa.

I keď každé zviera sa nepatrne líši v závislosti od jeho druhu, má rovnakú štruktúru tváre. Napríklad, slon má dlhý nos (chobot), ale je v centre jeho tváre a nad jeho ústami. Nie je nad jeho očami, pod jeho ústami alebo na jeho hlave. Každý slon má dve nosné dierky, dve oči, dve uši a jedny ústa. Všetky vtáky vo vzduchu, všetky ryby v mori alebo v rieke, majú rovnakú štruktúru.

Nielenže má každé zviera rovnakú štruktúru tváre, ale aj zažívací a reprodukčný systém každého cicavca je rovnaký. Každý konzumuje potraviny rovnakým spôsobom, a to ústami. A čo vstúpi do úst, ide do žalúdka a vychádza von z tela. Všetky cicavce sa pária s opačným pohlavím a rodia potomkov.

Keď dáte tieto zjavné faktory dokopy, v žiadnom prípade nemôžete povedať, že je to náhoda alebo dôkaz o evolúcii diktovaný „prežitím najschopnejších." Nič z toho nemôže byť nikdy vysvetlené teóriou evolúcie.

Preto skutočnosť, že ako ľudia, tak aj zvieratá, majú rovnaké organické štruktúry, stačí ako dôkaz, že všetko bolo vytvorené a navrhnuté Bohom Stvoriteľom. Ak by Boh nebol jediný Boh, ale bol by jedným z mnohých bohov, stvorenia by potom mali rôzny počet telesných orgánov, rôzne telesné štruktúry a pozície orgánov.

Okrem toho, keď sa pozriete bližšie na prírodu a na vesmír, nájdete ešte viac dôkazov o stvorení. Aké nádherné je vedieť, že všetko, čo je v slnečnej sústave, ako je zemský obeh a rotácia, funguje bez najmenších chýb!

Pozrite sa na hodinky na vašom zápästí. Je v nich veľké množstvo prepracovaných častí. Nebudú fungovať, ak bude čo i len najmenšia časť chýbať. Preto bol vesmír navrhnutý tak, aby fungoval pod Božím dohľadom.

Napríklad, ani človek a ani akákoľvek iná forma života, nemôže existovať bez Mesiaca, ktorý obieha okolo Zeme. Aktuálna pozícia Mesiaca nemôže byť trošku vzdialenejšia alebo bližšia k Zemi. Boh to dal do správnej vzdialenosti tak, aby človek mohol na Zemi žiť.

Vzhľadom k aktuálnej pozícii Mesiaca, gravitácia jeho ťahu spôsobuje príliv a odliv mora. Tento príliv spôsobuje, že more je otriasané a čistené. A podobne, všetky veci vo vesmíre boli vytvorené tak, aby sa pohybovali presne v súlade s Božou prozreteľnosťou.

Prečo niektorí ľudia neveria v Boha Stvoriteľa?

Niektorí ľudia veria v Boha Stvoriteľa a žijú podľa Jeho Slova. Prečo ľudia, ktorí dokážu zdôvodniť a hľadať odpovede na všetko vo vede, neveria v Boha Stvoriteľa?

Ak ste sa ešte v detstve dozvedeli od verných kresťanov, že Boh je živý a všemohúci Stvoriteľ, nemalo by byť pre vás ťažké veriť v Boha Stvoriteľa.

Napriek tomu je dnes mnoho z vás ovplyvňovaných

evolucionizmom už od vášho dospievania, a to obsahuje veľa „poznatkov," ktoré nemusia byť nutne pravdivé. Taktiež sa stýkate s tými, ktorí neveria v Boha alebo o ňom pochybujú.

Ak idete do kostola po tom, čo ste žili v tomto prostredí a počujete Slovo Božie, ste často na pochybách a v rozpore a nemôže uveriť v Boha Stvoriteľa, pretože vaše predchádzajúce znalosti sú v rozpore s tým, čo sa učíte a počujete v kostole.

Kým sa nezbavíte myšlienok a vedomostí, ktoré ste sa naučili od sveta, aj keď chodíte do kostola pravidelne, nemôžete mať duchovnú vieru – Bohom vytvorenú vieru - ktorá je ďaleko od akýchkoľvek pochybností.

Bez duchovnej viery nemôžete veriť v nebeské kráľovstvo alebo v peklo. Viditeľný svet považujete za jediný svet a žijete svojimi vlastnými spôsobmi.

Koľkokrát vidíte niektoré teórie, ktoré boli potvrdené a schválené v určitom čase a neskôr zrušené alebo nahradené novou teóriu? Aj keď toto nie je presným prípadom, je pravda, že tradičné teórie a tvrdenia sú neustále revidované a neskôr doplňované novozistenými skutočnosťami.

V priebehu času a s vedeckými pokrokmi ľudia prichádzajú s lepšími vysvetleniami a teóriou, aj keď nie sú dokonalé. Nepovedal by som, že výskumy mnohých vedcov sú všetky zlé.

Na zemi existuje ešte mnoho vecí, ktoré ľudia svojimi schopnosťami nedokážu vysvetliť, a preto to musíte brať na vedomie.

Napríklad, pokiaľ ide o vesmír, nikdy ste neboli na druhej strane vesmíru, ani ste sa nikdy nevrátili do starých čias. Avšak ľudia sa snažia vysvetliť vesmír pomocou rôznych hypotéz a teórií.

Predtým, ako pristál na Mesiaci človek, predpokladali sme: „Je možné, že tam existujú nejaké živé organizmy, alebo že niekde v tomto solárnom systéme mimo Zem by mohli existovať organizmy." Ale po ceste na Mesiac sme oznámili: „nie je tam žiadny živý organizmus." Dnes vedci hovoria: „Je tu možnosť života na Marse," alebo „Na Červenej planéte sme našli stopy vody."

Aj keby ste sa dlhú dobu venovali výskumu a rozšírili svoje poznatky, ak nepoznáte vôľu, prozreteľnosť a moc Boha Stvoriteľa, skončíte čeliac obmedzeniam ľudských schopností.

Preto Rim 1, 20 hovorí, že: *„ Veď to, čo je v ňom neviditeľné – Jeho večnú moc a božstvo – možno od stvorenia sveta rozumom poznávať zo stvorených vecí; takže nemajú výhovorky. "*

Ktokoľvek otvorí svoje srdce a medituje, môže cítiť Božiu moc a Jeho božskú podstatu skrze diela, ako sú Slnko, Mesiac a hviezdne objekty, cez ktoré Boh dovolí, aby ste vedeli o Jeho existencii a verili v Neho.

Ja som, ktorý som

Počúvaním o Bohu Stvoriteľovi sa mnoho ľudí môže čudovať: „V akej forme existoval na počiatku?" „Odkiaľ prišiel?" alebo „Ako vyzeral?"

Poznanie a myslenie človeka nemôže prekročiť určitú hranicu, ktorá hovorí, že existuje začiatok a koniec všetkých bytostí. Z tohto dôvodu požadujeme jasné odpovede na tieto otázky. Avšak Boh existuje mimo ľudské chápanie, a tak On je ten, kto „Bol,“ „Je“ a „Má prísť.“

Ex 3 zobrazuje scénu, v ktorej Boh prikázal Mojžišovi, aby viedol Izraelitov do zeme Kananejskej. Mojžiš sa potom pýtal Boha, ako by mal Izraelitom odpovedať, ak by sa ho pýtali na meno Boha.

V tej chvíli povedal Boh Mojžišovi: *„Ja som, ktorý som!"* a dodal: Toto povieš Izraelitom: *„Ja-som ma poslal k vám!"* (Ex 3, 14).

„Ja som“ je výraz, ktorým sa Boh odvolával na seba osobne a znamená to, že z nikoho sa nenarodil, ani ho nikto nevytvoril, ale že On je dokonalá bytosť, sám Stvoriteľ.

Boh bol na počiatku Svetlo s Hlasom

Evanjelium podľa Jána 1, 1 hovorí: *„Na počiatku bolo Slovo a Slovo bolo u Boha a to Slovo bolo Boh."* Takýmto spôsobom, Boh, ktorý bol na počiatku Slovom, bol bytosťou, ktorá existovala úplne sama bez toho, aby bola vytvorená. Ako a kde existoval?

Boh je Duch, a tak musel existovať v podobe Slova v štvrtej dimenzii v duchovnej oblasti, nie v tretej dimenzii, ktorá je viditeľná. Boh neexistoval v žiadnej podobe, ale ako hlboké a krásne svetlo s čistým a jasným hlasom a vládol celému vesmíru.

Takže, 1 Jn 1, 5 hovorí: *„Toto je posolstvo, ktoré sme počuli od Neho a oznamujeme vám, že Boh je Svetlo a niet v Ňom* *žiadnej tmy.*" Má to duchovný význam a výraz vlastností Boha, ktorý bol na počiatku svetlom.

Na počiatku Boh existoval ako svetlo s hlasom. Jeho hlas je čistý, sladký a jemný a pokrýva celý vesmír. Tí, ktorí osobne počuli Boží hlas, to chápu.

Boh bol pred začiatkom vekov sám

Boh Stvoriteľ existoval pred začiatkom vekov, plánoval vytvoriť svoje pravé duchovné deti a pokračovať v tom. Preto, ak ste plne pochopili Boha JA SOM, mali by ste zničiť všetky svoje spôsoby myslenia, teórie a stereotypy a mali by ste hlbšie prijať Božie dielo stvorenia.

Na rozdiel od vecí, ktoré stvoril Boh, veci vytvorené človekom majú svoje obmedzenia a nedostatky. Keďže znalosti a ľudská civilizácia stale napredujú, sú vyrábané lepšie produkty, ale aj tie ešte stále majú veľa nedostatkov.

Niektorí robia modly zo zlata, zo striebra, z medi a z kovu a nazývajú ich bohmi, pred ktorým sa klaňajú a modlia za požehnanie. Sú len drevenými, kovovými alebo kamennými zobrazeniami, ktoré nemôžu dýchať, hovoriť, ani hýbať očami (Hab 2, 18-19).

Aj keď tvrdia, že sú múdri, ľudia v skutočnosti nedokážu rozlišovať medzi pravdou a lžou, ale radšej urobia nejaké podoby a nazývajú ich bohmi, ktorých uctievajú (Rim 1, 22-25). Aké je to pochabé a hanebné?

Preto, ak sa ľudia klaňajú a slúžia zbytočným bohom, pretože nepoznajú Boha, mali by sa z toho dôkladne kajať, uctievať Boha

JA SOM a plniť úlohy ako Jeho deti.

Boh je vševediaci a všemohúci

Boh Stvoriteľ, ktorý stvoril celý vesmír, je dokonalá bytosť, ktorá existovala pred začiatkom vekov a Je vševediaci a všemohúci. Biblia zaznamenáva mnoho divov a zázrakov, ktoré nie je možné vykonať ľudskou mocou a ľudskými schopnosťami. Tieto mocné diela vševediaceho a všemohúceho Boha, ktorý bol rovnaký včera aj dnes, sa stali v novozákonnej, ale aj v starozákonnej dobe, prostredníctvom mnohých Božích pomocníkov, ktorí mali Jeho moc.

Je to tak, ako povedal Ježiš v Jn 4, 48: *„Ak nevidíte znamenia a divy, neveríte"* ľudia neuveria, kým neuvidia dielo všemohúceho Boha.

Boh robí nádherné zázraky a znamenia

Exodus podrobne zaznamenáva, že vševediaci a všemohúci Boh vykonáva úžasné zázraky a znamenia prostredníctvom Mojžiša, keď vyviedol Izraelitov z Egypta do zeme Kananejskej.

Napríklad, keď Boh poslal Mojžiša k faraónovi, egyptskému kráľovi, zoslal na neho a na jeho ľud desať epidémií, nechal Izraelitov prejsť po suchej zemi tým, že rozdelil Červené more a vystrašenú egyptskú armádu zmietol do rozbúrených vĺn.

Dokonca aj po Exoduse vyšla voda zo skaly, keď po nej Mojžiš udrel palicou, horká voda sa premenila na sladkú a z neba zostúpila manna, aby mohli milióny ľudí žiť bez starostí o jedlo.

Neskôr v Starom zákone nachádzame Bohom splnomocneného Eliáša, ktorý prorokoval sucho po dobu tri a pol roka, potom skrze modlitbu dážď a kriesil mŕtvych.

V Novom zákone vidíme Ježiša, Syna Božieho, ako kriesi Lazara, ktorý bol štyri dni mŕtvy, otvára oči slepým, lieči mnohých ľudí s rôznymi chorobami a slabosťami a vyháňa zlých duchov. Chodil po vode a upokojoval vietor a vlny.

Boh vykonáva neobyčajné divy rukami Pavla, takže keď donášali na chorých šatky a zástery, ktoré sa dotkli jeho tela, neduhy ich opúšťali a zlí duchovia vychádzali (Sk 19, 11-12). Početné znamenia nasledovali Petra, ktorý bol jedným z najlepších učeníkov Ježiša. Ešte aj na ulice vynášali ľudia chorých a kládli ich na postele a lôžka, aby aspoň Petrov tieň padol na niektorého z nich, keď tade pôjde (Sk 5, 15).

Okrem toho, cez Štefana a Filipa Boh robil divy a znamenia zobrazené v Biblii a aj dnes ich robí skrze našu cirkev.

Boh je autorom Biblie

Boh je Duch, a tak Je neviditeľný, ale neustále sa zjavuje v mnohých podobách. Boh sa zvyčajne zjavuje prostredníctvom prírody a predovšetkým svedectvami ľudí, ktorých uzdravil, a ktorí od Neho dostávajú odpovede. Tiež sa podrobne odhaľuje skrze Bibliu.

Preto skrze Bibliu môžete spoznať pravdivého Jediného Boha, stretnúť sa s ním a dosiahnuť spásu a večný život tým, že pochopíte Božie dielo. Okrem toho, môžete žiť úspešný život a osláviť Boha tým, že porozumiete Božiemu srdcu a zistíte, ako Ho milovať a byť Ním milovaní (2 Tim 3, 15-17).

Písmo pochádza z Božieho Ducha

2 Pt 1, 21 hovorí, že: „*Lebo proroctvo nikdy nevzišlo z ľudskej vôle; ale pod vedením Ducha Svätého prehovorili ľudia poslaní od Boha*" a 2 Tim 3, 16 znie: „*Celé Písmo je Bohom vnuknuté.*" To znamená, že Biblia, od Genezis po Zjavenie, je Slovo Božie, ktoré bolo napísané len Božou vôľou.

Preto existuje veľa fráz, ako napr. „Boh hovorí," „Pán hovorí" a „PÁN Boh hovorí." To potvrdzuje, že Biblia nie je slovo človeka, ale Boha.

Biblia má šesťdesiatšesť kníh, skladajúcich sa z tridsatich deviatich starozákonných kníh a dvadsatich siedmich novozákonných kníh. Počet autorov sa odhaduje na 34. Obdobie písania Biblie sa rozkladá od 1500 rokov p.n.l až do 100 až približne 1600 rokov n.l.. Úžasné je to, že aj keď bola napísaná mnohými autormi, Biblia je v celom rozsahu úplne koherentná od začiatku do konca a každý verš sa zhoduje s ďalšími veršami.

Iz 34, 16 hovorí: „*Skúmajte v knihe a čítajte, ani jedno z nich nechýba, vzájomne sa nehľadajú, lebo to prikázali Pánove ústa a Jeho Duch ich zhromaždil.*"

Toto sa mohlo stať len preto, lebo pôvodný autor Biblie je Boh a Duch Svätý ovládal srdcia autorov a zhromažďoval Slová. Čo by ste si mali pamätať je, že autori Biblie sú len literárnymi nádenníkmi, ktorí písali pre Boha a pôvodným autorom Biblie je Boh.

Zoberme si príklad. Predpokladajme, že ide o staršiu matku, ktorá žije na vidieku. Pošle list mladšiemu synovi, ktorý študuje v meste. Je negramotná, a tak diktuje list svojmu staršiemu synovi. Keď mladší syn v meste dostane list, pomyslí si, že matka mu poslala list a nie, že to bol jeho starší brat, aj napriek tomu, že v skutočnosti list napísal on. Je to presne takisto aj s Bibliou.

Boží list lásky plný požehnania a prisľúbení

Biblia bola napísaná Božími služobníkmi naplnenými Duchom Svätým preto, aby Boh odhalil seba samého. Musíte veriť, že je to Slovo verného Boha, ktorý sa odhaľuje.

Božie Slovo je duch a život (Jn 6, 63), takže ktokoľvek, kto počuje a verí v neho, získa večný život a jeho duša bude mať bohatý život. Kto počúva a verí v Božie Slovo, bude mať úspešný život a bude dokonalým Božím človekom podobným Ježišovi Kristovi.

Boh prišiel na zem v ľudskom tele, aby sa ukázal ľuďom, a tým telom bol Ježiš. Philip, Ježišov učeník, to nevedel a žiadal, aby mu Ježiš ukázal Boha. Nedokázal si uvedomiť, že Ježiš bol stelesnený Boh, aby sa naplnilo príslovie, ktoré hovorí: „Doma nie je nikto prorokom."

Jn 14, 8 a nasledujúce verše popisujú dialóg medzi Filipom a Ježišom:

Filip sa ozval: „Pane, ukáž nám Otca a to nám

postačí. " Ježiš mu vravel: „Filip, toľký čas som s vami a nepoznáš ma?! Kto vidí mňa, vidí Otca. Ako môžeš hovoriť: ,Ukáž nám Otca?' Neveríš, že ja som v Otcovi a Otec vo mne? Slová, ktoré vám hovorím, nehovorím sám zo seba, ale Otec, ktorý ostáva vo mne, koná svoje skutky." (Jn 14, 8-10).

Aj napriek tomu, že Ježiš robením zázrakov, ktoré by bez Božej pomoci neboli možné, poskytol presvedčivý dôkaz, že On a Boh sú jeden, Filip chcel, aby mu Ježiš ukázal Otca. Ježiš mu povedal, aby veril Jeho učeniu, ktoré je stelesnením zázrakov.

Boh prišiel na tento svet v ľudskom tele, aby vyjavil Sám seba a Boh mal Bibliu napísanú preto, že je bežne nemožné, aby Ho ľudia videli ľudskými očami.

A preto môžete mať požehnanie a odpovede, ktoré Boh sľubuje v Biblii, ak máte vzácny vzťah so živým Bohom skrze Bibliu, poznáte Jeho vôľu a prozreteľnosť a zachovávate Jeho Slovo.

Každé slovo v Biblii je pravdivé

Historické záznamy vám umožňujú mať poznatky o ľuďoch alebo mimoriadnych udalostiach v konkrétnom čase v minulosti. História je popis zmien doby a poskytuje podrobné informácie o konkrétnych veciach, ľuďoch alebo životných podmienkach tých čias.

História ľudstva dokázala, že Biblia je pravdivá. Zistíte, že

Biblia je historická a skutočná, zvlášť, keď si pozorne prezriete udalosti, ľudí, miesta alebo zvyky zaznamenané v Biblii.

Vzhľadom k tomu, že Starý zákon je skutočne založený na objektívnych skutočnostiach, ako sú dôležité alebo triviálne časti informácií, ktoré sa stali jednotlivcom, národom, či skupinám z doby Adama a Evy, Izrael až dodnes považuje Starý Zákon za posvätný a historický dokument jeho národa a kultúrneho dedičstva. Dokonca aj mnoho historikov uznáva Bibliu ako spoľahlivý zdroj.

História dokazuje pravdivosť Biblie

V prvom rade, na základe Biblie, by som sa chcel s vami podeliť o históriu Izraela a dokázať vám, že Božie Slovo v Biblii je pravdivé.

Adam, predok človeka, zhrešil voči Bohu, a tak jeho potomkovia, všetky ľudské bytosti, potom išli cestou hriechu a žili bez poznania Boha, svojho Stvoriteľa. Vtedy si Boh vybral jeden národ, cez ktorý sa rozhodol odhaliť Jeho vôľu a prozreteľnosť.

Najprv Boh povolal Abraháma, ktorý mal najlepšie „srdce," zdokonalil ho a ustanovil ho za otca viery. Abrahám bol otcom Izáka, Izák Jakuba a Jakuba nazval Boh „Izrael" a z jeho dvanástich synov urobil dvanásť pokolení.

Keď Jakub žil, Boh ho presunul do Egypta a umožnil mu vybudovať národ tým, že rozmnožil jeho potomkov a nakoniec ich doviedol do zeme Kananejskej.

Boh dal Mojžišovi počas jeho pobytu na púšti Zákon, naučil

Izraelitov žiť podľa Jeho slova a viedol ich iba podľa Jeho Slova.

Po tom, čo boli dovedení do zeme Kananejskej, darilo sa im iba vtedy, keď poslúchali Zákon. Keď Izrael slúžil modlám a páchal zlo, jeho moc upadala a trpel inváziami cudzincov. Izraeliti boli uväznení a otročení. Keď sa obrátili, ich národ bol obnovený. Tento cyklus sa opakoval dookola.

Boh teda dokazuje všetkým ľudským bytostiam pomocou dejín Izraela, že Boh je živý a vládne všetkému Jeho Slovom.

Taktiež môžete vidieť, že proroctvá v Biblii boli splnené a sú v procese splnenia. Napríklad, v Evanjeliu podľa Lukáša 19, 43-44 sa Ježiš odvolával na pád Jeruzalema, hovoriac:

Lebo prídu na teba dni, keď ťa tvoji nepriatelia obožení valom, obkľúčia ťa a zovrú zo všetkých strán, zrovnajú so zemou teba i tvoje deti v tebe a nenechajú v tebe kameň na kameni, lebo si nespoznalo čas svojho navštívenia.

V týchto veršoch mal Ježiš na mysli to, ako bude mesto Jeruzalem kvôli rastúcim hanebnostiam zničené. Proroctvo bolo naplnené v roku 70 n.l., kedy Titus, generál rímskeho impéria, poveril svojich mužov vybudovať hrádzu proti Jeruzalemu, obkolesiť ho a zabiť mnoho ľudí. Stalo sa tak len štyridsať rokov po Ježišovom proroctve.

V Mt 24, 32 Ježiš povedal: „*Od figovníka sa naučte podobenstvo. Keď jeho ratolesť mladne a vyháňa lístie viete, že je blízko leto.*" Figovník tu symbolizuje izraelský národ a toto podobenstvo hovorí, že Izrael bude nezávislý vtedy, keď bude blízko Ježišov druhý príchod. Napokon história svedčí o tom, že Božie Slovo sa naplnilo, keď Izrael, ktorý padol v roku 70 n.l., bol zázračne obnovený 14. mája 1948 - 1900 rokov po jeho zničení.

Proroctvo Starého zákona a jeho naplnenie v Novom zákone

Vydávam svedectvo o tom, že Božie Slovo v Biblii je pravdivé, študovaním toho, ako bolo proroctvo Starého zákona vyplnené v čase Nového zákona.

Zákon Starého zákona nie je dokonalým spôsobom „získania skutočných Božích detí." Bol to len tieň dokazovania Boha. To je dôvod, prečo Boh v Starom zákone prisľúbil príchod Mesiáša. Keď nadišiel čas, Boh poslal Ježiša Krista na tento svet, aby dodržal sľub.

Je zjavné, že Ježiš prišiel na zem asi pred 2000 rokmi. Západná história je z veľkej časti rozdelená do dvoch skupín podľa narodenia Ježiša. „B.C." znamená pred Kristom, t.j. dejiny pred časom Ježiša, zatiaľ čo „A.D." znamená Anno Domini, t.j. „v roku nášho Pána." Dokonca aj sama história svedčí o narodení Ježiša.

Pozrime sa najprv na Gn 3, 15:

Nepriateľstvo ustanovujem medzi tebou a ženou, medzi tvojím potomstvom a jej potomstvom, ono ti rozšliape hlavu a ty mu zraníš pätu.

Verš prorokoval, že náš Spasiteľ, ako semeno ženy, príde a

zničí autoritu smrti. „Žena" v tejto pasáži znamená Izrael. V skutočnosti Ježiš prišiel na zem ako Jozefov syn, ktorý patril k Júdovmu kmeňu Izraela (Lk 1, 26-32).

Iz 7, 14 hovorí: *„Preto vám sám Pán dá znamenie: Hľa, panna počne a porodí syna a dá mu meno Emanuel!"*

To znamená, že Boží Syn bude zoslaný odčiniť hriechy ľudstva skrze počatie Duchom Svätým. Ježiš sa skutočne narodil z Panny Márie skrze Ducha Svätého (Mt 1, 18-25).

Bolo prorokované, že Ježiš sa narodí v oblasti Betlehema, ako hovorí Mich 5, 1:

> *A ty, Betlehem, Efrata primalý si medzi tisícami Júdu;*
> *z teba mi vyjde ten, čo má vládnuť v Izraeli a jeho pôvod*
> *je odpradávna, odo dní večnosti.*

Aby sa toto Slova splnilo, Ježiš sa narodil v Betleheme v čase judského kráľa Herodesa. Aj to potvrdzuje história.

Vyvraždenie mnohých nevinných detí kráľom Herodesom v čase Ježišovho narodenia (Jer 31, 15; Mt 2, 16), Ježišov príchod do Jeruzalema (Zach 9, 9; Mt 21, 1-11) a Ježišovo vystúpenie do neba (Ž 16, 10; Sk 1, 9), to všetko bolo prorokované a následne vyplnené.

Okrem toho, zrada Judáša Iškariotského, ktorý tri roky nasledoval Ježiša (Ž 41, 9) a zradenie Ježiša za tridsať strieborných (Zach 11, 12), boli prorokované a splnené.

Môžete teda veriť, že Biblia je pravdivá a je to naozaj Slovo Božie, najmä keď vidíte, že všetky proroctvá v Starom zákone boli presne splnené.

Proroctvá v Biblii, ktoré sa ešte musia vyplniť

Boh urobil Ježiša Krista našim Spasiteľom splnením všetkých proroctiev Starého zákona v dobe Nového zákona. Každý kúsok proroctva o Ježišovi, beh dejín Izraela a história ľudstva boli vykonané bez jedinej chyby. Skúmanie svetových dejín vedie k záveru, že všetky slová proroctiev v Biblii sa splnili a splnia sa.

Proroci v Starom aj v Novom zákone prorokovali vzostup a pád svetovej veľmoci, zničenie a prestavanie Jeruzalema a budúce záležitosti dôležitých osôb. Mnoho proroctiev v Biblii bolo splnených a aj teraz sú plnené. Ľudia ešte uvidia Ježišov druhý príchod, Nadšenie, Milénium kráľovstva a Súd Veľkého Bieleho trónu. Náš Pán nám teraz pripravuje miesta ako prisľúbil (Jn 14, 2) a čoskoro vás vezme na večné miesto.

Náš svet teraz trpí hladomorom, zemetraseniami, abnormálnym počasím a kolosálnymi nehodami. Nemali by ste to považovať za náhodu, ale namiesto toho si uvedomiť, že Ježišov druhý príchod sa blíži (Mt 24, 3-14). Mali by ste dosiahnuť úplne spasenie tým, že budete bdieť a ozdobíte sa ako nevesty.

Kapitola 2

BOH STVORIL ČLOVEKA A ZDOKONAĽUJE HO

- Boh stvoril ľudí
- Prečo Boh zdokonaľuje ľudské bytosti
- Boh oddeľuje pšenicu od pliev

A stvoril Boh človeka na svoj obraz, na Boží obraz ho stvoril, muža a ženu ich stvoril. Boh ich požehnal a povedal im: „Ploďte a množte sa a naplňte zem! Podmaňte si ju a panujte nad rybami mora, nad vtáctvom neba a nad všetkou zverou, čo sa hýbe na zemi!"

Gn 1, 27-28

Aspoň raz v živote si položíte základné otázky, ako napr. pôvod, cieľ, účel a zmysel života. Potom sa pokúsite nájsť odpovede. Mnoho ľudí sa snaží rôznymi spôsobmi vyriešiť tieto problémy, ale zomrú bez získania originálnych odpovedí.

Svetoznámi mudrci, ako Konfucius, Budha alebo Socrates, sa tiež snažili získať tieto základné odpovede. Konfucius bol zameraný na morálku, ktorá zdôrazňovala, že dokonalá cnosť bola považovaná za etický ideál a vychoval mnoho žiakov. Buddha konal dlhú dobu pokánie, aby bol oslobodený od svetskej existencie. Socrates sa usiloval zistiť pravdu svojím vlastným spôsobom a hľadal pravé poznanie.

Žiadny z nich však nenašiel trvalé, zásadné riešenie, nedosiahol skutočnú pravdu, ani nezískal večný život. To bolo preto, lebo pravda ukrytá pred stvorením sveta je niečo duchovné, ktoré je neviditeľné a nehmotné. Nemôžete nájsť jasné odpovede o živote, kým nepochopíte prozreteľnosť Boha Stvoriteľa o zdokonaľovaní človeka.

Boh stvoril ľudí

Tajomný vznik orgánov, buniek a tkanív ľudského tela je nesmierny. Boh, ktorý stvoril človeka, chce získať skutočné deti, s ktorými môže zdieľať lásku naveky vekov. Pre tento účel, Boh stvoril človeka na svoj obraz a na svoju podobu, zdokonaľuje ho a pripravuje mu miesto v nebi.

Tak potom, ako stvoril Boh všetky veci vo vesmíre a ako stvoril človeka?

Božie stvoril svet za šesť dní

Gn 1 podrobne popisuje proces, počas ktorého stvoril Boh nebo a zem v priebehu šiestich dní. Tu povedal Boh: *„Buď svetlo!"* a bolo svetlo. (Gn 1, 3). Potom Boh povedal: *„Vody, ktoré ste pod nebom, zhromaždite sa na jedno miesto a ukáž sa súš!"* A stalo sa tak. (Gn 1, 9). A tak ďalej.

Ako je povedané v Hebr 11, 3: *„Vierou chápeme, že Božie slovo stvárnilo svety tak, že z neviditeľného povstalo viditeľné. "* Boh stvoril celý vesmír Jeho Slovom.

Prvý deň Boh stvoril svetlo a druhý deň urobil rozľahlú oblohu. Tretí deň, keď Boh povedal: *„Vody, ktoré ste pod nebom, zhromaždite sa na jedno miesto a ukáž sa súš!"* (Gn 1, 9), a stalo sa tak a Boh nazval súš „zemou" a zhromaždište vôd nazval „morom." A potom Boh povedal: *„Zem, vyžeň trávu, rastliny s plodom semena a ovocné stromy, prinášajúce plody, v ktorých je ich semeno podľa svojho druhu na zemi. "* (Gn 1, 11), zem vyhnala trávu, rastliny s plodom semena podľa svojho druhu, a stromy prinášajúce plody so semenami podľa svojho druhu. Na štvrtý deň Boh stvoril Slnko, Mesiac a hviezdy na rozľahlej oblohe a nechal Slnko vládnuť nad dňom a Mesiac nad nocou. Na piaty deň stvoril veľké morské zvieratá a všetky živočíchy, ktoré sa hýbu a hemžia vo vode podľa svojho druhu, ako i všetky okrídlené lietajúce tvory podľa svojho druhu. Šiesteho dňa Boh stvoril divú zver podľa svojho druhu, dobytok podľa svojho druhu i všetky plazy podľa svojho druhu.

Stvorenie človeka na Boží obraz

Boh Stvoriteľ za šesť dní pripravil prostredie, v ktorom by človek mohol žiť a potom stvoril človeka na svoj obraz. Požehnal človeka ako pána všetkých stvorení a povedal mu, aby si ich podmanil a vládol nad nimi.

A stvoril Boh človeka na svoj obraz, na Boží obraz ho stvoril, muža a ženu ich stvoril. Boh ich požehnal a povedal im: „Ploďte a množte sa a naplňte zem! Podmaňte si ju a panujte nad rybami mora, nad vtáctvom neba a nad všetkou zverou, čo sa hýbe na zemi!" (Gn 1, 27-28).

Ako teda stvoril Boh človeka?

Vtedy Pán, Boh, utvoril z hliny zeme človeka a vdýchol do jeho nozdier dych života. Tak sa stal človek živou bytosťou. (Gn 2, 7)

V tomto verši prach odkazuje na íl. Zručný hrnčiar použitím

kvalitného ílu dokáže vyrobiť sivozelený čínsky porcelán alebo biely porcelán veľkej peňažnej hodnoty. Naopak, niektorí hrnčiari vyrábajú neglazovanú keramiku, strešné škridle alebo tehly. Hodnota kusu keramiky závisí predovšetkým od toho, kto to vyrobil, ako šikovne to bolo vyrobené, aký íl bol použitý a od druhu keramiky. Keďže všemohúci Boh Stvoriteľ stvoril človeka na svoj obraz, ako krásne to urobil?

Po stvorení človeka z prachu na svoj obraz, Boh mu do nozdier vdýchol dych života, to znamená životnú energiu. Potom sa človek stal živým duchom. Dych života je sila, moc, energia a duch Boží.

Boh vdychuje do človeka dych života

Keď si predstavíte proces vyžarovania fluorescenčnej lampy, možno ľahšie pochopíte proces, ktorým bol človek stvorený ako živý duch. Ak chcete, aby fluorescenčná lampa svietila, najprv musíte vyrobiť dobrú lampu a potom ju pripojiť na zdroj elektrickej energie. Ale nemôže vyžarovať energiu, kým nezapnete elektrický prúd.

Televízia u vás doma funguje rovnako. Na obrazovke nemôžete nič vidieť, kým ju nezapnete, ale keď to urobíte, môžete vidieť a počuť rôzne druhy obrazov a zvukov. Obrázky na obrazovke môžete urobiť viditeľnými jednoduchým zapnutím televízie. Avšak komplikované súčasti v zadnej časti televízora sú zostavené veľmi zložitým spôsobom.

Podobne Boh stvoril nielen tvar človeka, ale aj jeho vnútorné orgány a kosti z prachu zeme. Urobil žily, ktorými prúdi krv a nervový systém, ktorý dokonale plní svoju funkciu.

Božia moc môže zmeniť prach na mäkkú pokožku, keď a kedy sa mu zachce. Rovnako ako umožnenie prívodu elektrickej energie, Boh vdýchol do človeka dych života. Krv v v ňom začala okamžite cirkulovať, mohol dýchať a pohybovať sa.

Naviac, pretože Boh vytvára pamäťové jednotky v mozgových bunkách ľudí, ľudia vkladajú a pamätajú si to, čo počujú a cítia v mozgových bunkách. Čo je vložené a zapamätané sa stáva znalosťami a znalosti sú reprodukované ako myšlienky. Ak použijete uložené znalosti v živote, hovoríte tomu múdrosť.

Ľudské bytosti, aj keď sú len tvormi, rozšírili svoju múdrosť a poznanie a vyvinuli komplikovanú vedeckú civilizáciu. Teraz skúmajú vesmír a vyrábajú počítače, do ktorých vkladajú masívne informácie alebo ich prehrávajú, a tak majú ohromný úžitok z počítačov, rovnako ako Boh vytvoril pamäťové jednotky v mozgových bunkách. Prišli až tak ďaleko, že vytvorili A.I. počítače, ktoré dokážu rozpoznať písmená alebo ľudský hlas a môžu komunikovať s ostatnými. Postupom času sa budú stále viac a viac vyvíjať.

O koľko jednoduchšie muselo byť pre všemohúceho Boha Stvoriteľa stvoriť človeka z prachu zeme a vdýchnuť mu dych života, aby z neho urobil živú bytosť! Je to tak jednoduché pre Boha, ktorý môže vytvoriť niečo z ničoho, ale je to tak úžasné a nepochopiteľné pre človeka (Ž 139, 13-14).

Prečo Boh zdokonaľuje ľudské bytosti

Ježiš nás učí Božej prozreteľnosti prostredníctvom mnohých podobenstiev. Pretože duchovnú oblasť nie je možné pochopiť ľudskými vedomosťami, aby ste ich pochopili, Ježiš používal v podobenstvách pozemské objekty.

Mnoho z nich sa týka zdokonaľovania. Napríklad, je tam podobenstvo o rozsievačovi (Mt 13, 3-23; Mk 4, 3-20; Lk 8, 4-15), podobenstvo o horčičnom zrnku (Mt 13, 31-32; Mk 4, 30-32; Lk 13, 18-19), podobenstvo o kúkoli na poli (Mt 13, 24-30; 36-43), podobenstvo o viniči (Mt 20, 1-16) a podobenstvo o nájomníkoch (Mt 21, 33-41; Mk 12, 1-9; Lk 20, 9-16).

Tieto podobenstvá nám ukazujú, že rovnako ako farmári čistia krajinu, sejú zrná, pestujú ich a robia žatvu, aj Boh tvorí a zdokonaľuje ľudské bytosti na zemi a oddeľuje zrno od pliev.

Boh sa chce o pravú lásku deliť so svojimi deťmi

Boh má nielen božstvo, ale aj ľudskosť. Božstvo je sila vševediaceho a všemohúceho Boha Stvoriteľa a ľudskosť je myseľ človeka. Preto Boh stvoril celý vesmír a vládol nad ním, nad ľudskou históriou a nad životmi. Tiež cíti radosť, hnev, smútok a potešenie a chce sa o lásku deliť so svojimi deťmi.

Biblia nám mnohokrát ukazuje, že Boh má osobnosť ako ľudské bytosti; Boh sa raduje a žehná ľudí, keď stvorení na Boží obraz konajú to, čo je správne, ale narieka a stoná v hneve, keď sa dopustia hriechu. Božia túžba komunikovať s Jeho deťmi a dať im dobré veci, je často vyjadrená v Božom Slove.

Keby mal Boh len božské vlastnosti, nemusel by odpočívať po šiestich dňoch stvorenia vesmíru a nechcel by mať s nami vzťah, hovoriac: *„Modlite sa bez prestania"* (1 Tes 5, 17) a *„ Volaj ku mne a vyslyším ťa a oznámim ti veľké, nevystihnuteľné veci, o ktorých nevieš. "* (Jer 33, 3).

Niekedy chcete byť sami, ale môžete byť šťastnejší vo chvíľach, keď ste s rovnako zmýšľajúcim priateľom, ktorý dokáže s vami zdieľať lásku. Podobne, Boh stvoril človeka na svoj obraz, lebo chce s niekým zdieľať Jeho lásku. Zdokonaľuje ľudského ducha na tejto zemi, pretože chce pravé deti, ktoré rozumejú Jeho srdcu a milujú Ho svojimi srdciami.

Boh chce, aby Ho deti poslúchali ich slobodnou vôľou

Niektorí sa môžu čudovať, prečo Boh stvoril ľudí a vychováva ich, aj keď má v nebi nebeský zbor a toľko poslušných anjelov. Napriek tomu, väčšina anjelov nemá ľudské vlastnosti, ktoré sú najdôležitejšie pre zdieľanie lásky. Inými slovami, nemajú slobodnú vôľu, aby sa sami rozhodli. Poslúchajú príkazy ako roboty, ale nemôžu cítiť radosť, hnev, smútok alebo potešenie v takej miere ako ľudské bytosti. Z tohto dôvodu nemôžu zdieľať lásku k Bohu z hĺbky ich sŕdc.

Napríklad, predpokladajme, že máte dve deti. Jedno z nich len poslúcha vaše príkazy ako dobre naprogramovaný robot bez vyjadrenia nejakých emócií, názoru alebo lásky. Druhé dieťa niekedy raní vaše city, ale čoskoro oľutuje svoje konanie, nežne sa k vám pritúli a vyjaví vám svoje srdce mnohými spôsobmi. A tak, ktoré dieťa by ste mali radšej? Samozrejme, že to druhé.

Predpokladajme, že máte robota, ktorý varí, upratuje dom a slúži vám. Ale nemáte robota radšej ako vaše deti. Bez ohľadu na to, ako tvrdo pre vás robot pracuje, a ako veľmi je to pre vás užitočné, nemôže nahradiť vaše deti.

Podobne, Boh dáva prednosť ľudským bytostiam, ktoré Ho vo svojej slobodnej vôli s radosťou poslúchajú rozumom a citom a nie ako anjeli a nebeský zbor, ktorí sa správajú ako poslušné, naprogramované roboty. On dáva ľudskej bytosti slobodnú vôľu a Jeho Slovo. Potom ich učí, čo je dobré a čo zlé, a čo je cestou spásy a čo smrti. Trpezlivo čaká, až sa staneme Jeho pravými deťmi.

Božie zdokonaľovanie človeka s rodičovskou náklonnosťou

V Gn 6, 5-6 je napísané, že: *„Keď Pán videl, že ľudská neresť na zemi je veľká a že všetko zmýšľanie ich srdca je ustavične naklonené na zlé. Pán oľutoval, že stvoril človeka na zemi. Bol skormútený v srdci."*

Znamená to, že Boh nevedel o tomto fakte, keď človeka stvoril? Určite o tom vedel. Boh je vševediaci a všemohúci, preto vedel všetko ešte pred začiatkom vekov. Napriek tomu ľudí stvoril a zdokonaľuje ich.

Ak ste rodičia, tak to snáď pochopíte ľahšie. Aké ťažké je rodiť deti a vychovávať ich! Kým je žena tehotná, mnoho druhov bolestí, ako napríklad nevoľnosť, ju sprevádza po dobu deviatich mesiacov. V čase pôrodu matka trpí veľkými bolesťami. Kŕmia, obliekajú a učia deti, rodičia vynakladajú veľké úsilie a tvrdo pracujú dňom i nocou. Keď sa deti vrátia domov neskoro, ich rodičia sa o ne boja. Keď ochorejú, ich rodičia cítia oveľa viac bolesti než deti.

Prečo rodičia vychovávajú svoje deti aj napriek všetkým týmto bolestiam a úsiliu? Dôvodom je to, že rodičia chcú niekoho, s kým môžu zdieľať lásku, menovite, kto môže cítiť lásku rodičov a milovať svojich rodičov z celého srdca. Dokonca aj takéto bolesti spôsobujú rodičom radosť. Okrem toho, ak sa deti veľmi podobajú ich rodičom, aké sú krásne! Samozrejme, že všetky deti nemôžu byť rodičom poslušné. Niektoré deti milujú a rešpektujú svojich rodičov, iné nad nimi smútia.

Rovnako, bolesti pri výchove detí rodičia nepovažujú za bolesti. Namiesto toho, vynakladajú obrovské úsilie očakávajúc, že z detí vyrastú dobrí ľudia a budú im radosťou. Rovnakým spôsobom, Boh vedel, že ľudské bytosti nebudú poslušné, budú skazené a budú spôsobovať bolesť, ale taktiež vedel, že tam bude niekoľko skutočných detí, ktoré budú zdieľať Jeho lásku s Ním. Preto Boh stvoril ľudí a vychováva ich dobrovoľne.

Boh chce byť oslavovaný Jeho pravými deťmi

Boh zdokonaľuje ľudské duše na zemi nielen k získaniu skutočných detí, ale tiež preto, aby bol skrze ne oslávený. Boh môže byť nekonečne oslavovaný veľkým množstvom anjelov a nebeským zborom. Avšak to, čo naozaj chce, je byť oslavovaný Jeho vychovávanými a pravdivými deťmi z hĺbky ich sŕdc.

Boh v Iz 43, 7 hovorí: *„všetkých, čo sa mojím menom zvú a ktorých som na svoju slávu stvoril, vytvoril a urobil,"* a v 1 Kor 10, 31 vám prikazuje: *„Či teda jete, či pijete, či čokoľvek iné robíte všetko robte na Božiu slávu."*

Boh je Stvoriteľ, Láska a Spravodlivosť. Dal svojho jediného Syna, aby nás zachránil a pripravil nám nebo a večný život. Zaslúži si, aby bol oslávený. Okrem toho, chce vrátiť slávu tým, ktorí Ho oslavujú.

Preto by ste mali byť skutočnými Božími deťmi, ktoré s Ním budú navždy zdieľať lásku tým, že pochopíte, prečo chce byť Boh oslávený skrze svoje duchovne dokonalé deti.

Boh oddeľuje pšenicu od pliev

Poľnohospodári obrábajú pôdu, pretože chcú žať obilie v hojnosti. Boh tiež pestuje ľudskú dušu na zemi, aby sme sa stali skutočnými deťmi, ktoré Ho nielen milujú a oslavujú celým srdcom, ale sa s Ním naveky v nebi delia o lásku.

V žatve je stále aj pšenica, aj plevy. A tak poľnohospodári oddeľujú pšenicu od pliev, pšenicu zhromažďujú do stodôl a plevy spália v ohni. Rovnakým spôsobom bude Boh oddeľovať pšenicu od pliev na konci zdokonaľovania ľudských duší:

V ruke má vejačku, vyčistí si humno, pšenicu si zhromaždí do sýpky, ale plevy spáli v neuhasiteľnom ohni. (Mt 3, 12)

Preto musíte pevne veriť, že Boh zdokonaľuje ľudské duše na zemi, a keď príde Jeho čas, bude zbierať pšenicu – pravé deti – do nebies k večnému životu, ale plevy spáli v neuhasiteľnom pekelnom ohni. Ponorme sa teraz hlbšie do toho, akí ľudia sú pšenicou a akí sú plevami v Božích očiach, a akými miestami sú nebo a peklo.

Pšenica a plevy

Obilie symbolizuje tých, ktorí prijali Ježiša Krista, kráčajú v pravde a zdieľajú lásku s Bohom. Sú to deti svetla, ktoré obnovujú stratený obraz Boha a robia všetko, čo Boh prikazuje.

Naopak, plevy predstavujú tých, ktorí neprijali Ježiša Krista, alebo tí, ktorí tvrdia, že veria, ale nežijú podľa Božieho Slova a nasledujú vlastné zlé túžby.

1 Tim 2, 4 opisuje Boha ako toho: *„ktorý chce, aby boli všetci ľudia spasení a poznali pravdu."* To znamená, že Boh chce, aby všetci ľudia boli pšenice a vstúpili do kráľovstva nebeského. Boh sa snaží všemožným spôsobom, aby ste si to uvedomili a vedie vás na cestu spásy. Avšak niektorí ľudia nakoniec prekračujú Božiu vôľu a prozreteľnosť podľa ich vlastnej slobodnej vôle. Títo ľudia nie sú o nič lepší ako zvieratá pred Bohom, pretože stratili ľudské hodnoty.

Poľnohospodári pália plevy v ohni alebo ich použijú ako hnojivo, pretože ak sa pšenica a plevy zhromaždia spolu do stodoly, pšenica zhnije. A preto Boh nenechá v nebeskom kráľovstve plevy spolu s pšenicou. Na rozdiel od zvierat, človek má večnú dušu, pretože Boh mu vdýchol dych života, keď ho stvoril. A tak Boh nemôže plevy zničiť alebo ich len tak nechať.

Je nevyhnutné, aby Boh pšenicu zhromaždil v nebi a nechal ju tešiť sa večnou radosťou a plevy naveky vekov spálil v neuhasiteľnom pekelnom ohni. Preto je nutné toto si pamätať, aby ste neboli uvrhnutí do pekelného ohňa.

Krása neba a hrôzy pekla

Na jednej strane, nebo je príliš krásne, aby sa prirovnávalo k niečomu na tomto svete. Napríklad, kvety na tomto svete skoro vädnú, ale kvety v nebi ani nevädnú ani neopadávajú, pretože všetko, čo je v nebi, je večné. Cesty sú vyrobené z rýdzeho zlata, ktoré je rovnako priezračné ako sklo. Rieka života, žiariaca ako čistý kryštál, prúdi naskrz a domy sú vyrobené zo všetkých možných druhov briliantových drahokamov. Všetko je nevýslovne krásne (pozri *Nebo I & II*).

Na druhej strane, peklo je miesto, kde červy nezomierajú a oheň nezhasína. Každý, kto je tam, bude solený ohňom (Mk 9, 48-49). Navyše, v pekle je jazero horiacej síry, ktoré je sedemkrát horúcejšie ako ohnivé jazero (Zjv 20, 10-15). Nespasení ľudia musia navždy žiť v jazere neuhasiteľného ohňa alebo v jazere horiacej síry. Aké hrozné a desivé je žiť tam večne (pozri *Peklo*)!

Preto Ježiš v Mk 9, 43 povedal, že: „*Ak by ťa zvádzala na hriech tvoja ruka, odtni ju: je pre teba lepšie, keď vojdeš do života zmrzačený, ako keby si mal ísť s obidvoma rukami do pekla, do neuhasiteľného ohňa.* "

Prečo musí Boh lásky urobiť strašné peklo a krásne nebo? Ak je zlým ľuďom dovolené vstúpiť na miesto, kde budú prebývať tí, ktorí sú dobrí a milí Bohu, bude to bolestivé pre dobrých ľudí a nebo bude znečistené zlom. Stručne povedané, Boh urobil peklo, lebo miluje ľudí a chce dať svojim deťom len to najlepšie.

Rozsudok Veľkého bieleho trónu

Rovnako ako farmár seje semená a žne ich rok po roku, Boh zdokonaľuje ľudské duše odkedy bol Adam vyhnaný z rajskej záhrady a bude v tom pokračovať, až kým nepríde Ježiš.

Boh ukázal svoju vôľu predkom viery, ako je Noe, Abrahám, Mojžiš, Ján Krstiteľ, Peter a apoštol Pavol. V súčasnej dobe neustále zdokonaľuje ľudskú dušu skrze svojich služobníkov a pracovníkov. Napriek tomu, tak ako vždy po začiatku príde koniec, zdokonaľovanie ľudských duší nebude trvať večne.

2 Pt 3, 8 nám hovorí: *„Toto jedno nech vám je, milovaní, zjavné: že u Pána je jeden deň ako tisíc rokov a tisíc rokov ako jeden deň.“* Rovnako ako Boh odpočíval na siedmy deň po šesťdňovom stvorení vesmíru, Ježišov príchod, Nové tisícročie a obdobie odpočinku príde po šiestich tisícoch rokov od Adamovej neposlušnosti. Potom prostredníctvom Súdu Veľkého bieleho trónu, Boh dovolí pšenici vojsť do neba, ale plevy bude hádzať do pekelného ohňa.

Preto sa modlím v mene Pána Ježiša Krista, aby som úplne pochopil Božiu prozreteľnosť a lásku zdokonaľovania človeka, viedol požehnaný život a oslavoval Boha s vrúcnou nádejou na nebo.

Kapitola 3

STROM POZNANIA DOBRA A ZLA

- Adam a Eva v raji Edenu
- Adam neposlúchol svojou vlastnou slobodnou vôľou
- Odplatou za hriech je smrť
- Prečo Boh umiestnil strom poznania dobra a zla v raji Edenu

I vzal Pán, Boh, človeka a umiestnil ho v raji Edenu, aby ho obrábal a strážil. A Pán Boh prikázal človekovi: „Zo všetkých stromov raja môžeš jesť. Zo stromu poznania dobra a zla však nejedz! Lebo v deň, keď by si z neho jedol, istotne zomrieš."

Gn 2, 15-17

Tí, ktorí nepoznajú veľkú lásku Boha Stvoriteľa a Jeho hlbokú a skutočnú prozreteľnosť vo vychovávaní Jeho skutočných detí, sa môžu pýtať: „Prečo dal Boh vyrásť stromu poznania dobra a zla v raji Edenu?" „Prečo nechal ísť prvého človeka cestou smrti?" Myslia si, že človek nemusel zomrieť a mohol naveky žiť šťastný život v rajskej záhrade iba vtedy, ak by tam Boh nebol umiestnil strom.

Niektorí z nich dokonca hovoria veci ako: „Boh možno vopred nevedel, že Adam bude jesť ovocie zo stromu poznania dobra a zla," pretože neveria Božej vševedúcnosti a všemohúcnosti. Umiestnil Boh strom v raji Edenu so slabým nahliadnutím na vec bez toho, aby vedel o Adamovom budúcom neuposlúchnutí? Alebo dal tam Boh strom zámerne, aby zviedol človeka na cestu smrti? Samozrejme, že nie!

Tak potom, prečo dal Boh vyrásť stromu poznania dobra a zla v strede rajskej záhrady? Prečo Adam neuposlúchol Boží príkaz a dostal sa na cestu smrti?

Adam a Eva v raji Edenu

Boh stvoril človeka z prachu zeme a do nozdier mu vdýchol dych života, a človek sa stal živou bytosťou (Gn 2, 7). Živá bytosť je duchovná bytosť, ktorá, keď je na začiatku stvorená, nemá žiadny druh vedomostí. Zoberme si jednoduchý príklad. Novonarodené dieťa nemá žiadne vedomosti a poznanie. Dieťa má v mozgu pamäťový systém, ale nikdy nevidelo, nepočulo alebo nebolo niečo učené. Takže dieťa môže konať iba inštinktívne.

Rovnakým spôsobom, keď sa Adam stal po prvýkrát živou bytosťou, nemal duchovnú múdrosť alebo poznanie.

Adam sa naučil poznaniu života od Boha

Boh vysadil na východe, v Edene, raj a tam umiestnil človeka, ktorého utvoril. Boh dal Adamovi poznanie života a pravdy, jeden na jedného, kráčal tam s ním, aby mohol Adamovi zveriť kontrolu a riadenie raja Edenu.

Gn 2, 19 hovorí: „*Keď Pán Boh utvoril z hliny všetku poľnú zver a všetko nebeské vtáctvo, priviedol ho k Adamovi, aby videl, ako by ho nazval, lebo ako ho nazve, také bude jeho meno.*" Adam mal poznanie života postačujúce na to, aby vládol nad všetkými vecami.

Taktiež, Bohu sa nezdalo byť dobré pre Adama to, aby bol sám. Preto Boh spôsobil, aby Adam upadol do hlbokého spánku, aby mu stvoril vhodného pomocníka. Boh vzal jedno z mužových rebier, a zatiaľ čo muž spal, jeho miesto zaplnil mäsom. Potom z rebra, ktoré vzal z muža, stvoril ženu a priviedol ju k Adamovi. Boh spojil muža s jeho ženou a stali sa jedným telom (Gn 2, 20-22)

Toto sa nestalo preto, že Adam sa cítil osamelý, ale preto, že

Boh bol pred začiatkom vekov veľmi dlho sám a vedel, čo je to osamelosť. Veľká Božia láska a milosť Ho viedli k tomu, aby urobil Adamovi pomocníka a On, ktorý od začiatku poznal Adamovu situáciu, požehnal muža a jeho manželku, aby boli plodní, množili sa a naplnili zem.

Adamov dlhý život v raji Edenu

Tak teda, ako dlho žil Adam s manželkou Evou v raji Edenu? Biblia to podrobne nepopisuje, ale musíte vedieť, že tam žili oveľa dlhšie, ako si väčšina ľudí myslí.

Biblia hovorí o všetkých týchto skutočnostiach len v niekoľkých veršoch. Preto si mnoho ľudí myslí, že Adam zjedol zakázané ovocie a onedlho po tom, ako ho Boh do záhrady vložil, išiel do zatratenia. Niektorí z nich sa pýtajú: „Biblia hovorí, že história ľudstva je šesť tisíc rokov stará, ale ako môžete vysvetliť viacero skamenelín z obdobia pred niekoľkými sto tisíc rokmi?"

História zdokonaľovania človeka v Biblii trvá asi 6000 rokov, počnúc od doby, kedy boli Adam a Eva vyhnaní z raja. Nezahŕňa dlhé obdobie, keď žili v rajskej záhrade. Keďže prešla dlhá doba, na tejto zemi došlo k veľkým geologickým a geografickým zmenám, ako je zmena zemského povrchu a niekoľko cyklov reprodukcie a zániku. Ako je uvedené v kapitole 1, túto skutočnosť potvrdzuje veľa skamenelín.

Ako Boh požehnal Adama a jeho ženu v Gn 1, 28, prvý človek Adam predtým, než bol prekliaty, chodil s Bohom a bol otcom mnohých detí a naplnil raj Edenu. Adam si ako pán všetkých stvorených vecí podmanil zem a riadil ju, rovnako ako aj raj Edenu.

Adam neuposlúchol svojou vlastnou slobodnou vôľou

Boh dal Adamovi a Eve slobodnú vôľu a dovolil im, aby sa tešili z hojností a radostí raja Edenu. Avšak, bola tam jedna vec, ktorú Boh zakázal. Boh im zakázal jesť zo stromu poznania dobra a zla.

Ak by bol Adam rozumel Božiemu hlbokému srdcu a naozaj ho miloval, nebol by jedol zakázané ovocie, pretože poznal Boží príkaz. Avšak on neuposlúchol tento konkrétny príkaz, pretože nemiloval Boha skutočne.

Boh dal v raji Edenu vyrásť stromu poznania dobra a zla a ustanovil prísny zákon medzi Bohom a človekom. Človeku dovolil konať podľa vlastnej slobodnej vôle. To preto, lebo chcel získať skutočné deti, ktoré by Ho poslúchali z hĺbky ich sŕdc.

Adam zanedbal Božie Slovo

V Biblii Boh často sľubuje požehnanie tým, ktorí poslúchajú všetky Jeho príkazy a riadia sa celým Jeho Slovom (Dt 15, 4-6; 28, 1-14). Ale kto poslúcha všetky Jeho príkazy? Dokonca aj Biblia pripúšťa, že existuje len málo ľudí na svete, ktorí to dokážu.

Boh musel poučiť prvého človeka Adama, že sa bude tešiť

večnému životu a požehnaniam, keď bude Boha poslúchať, ale ak Ho neuposlúchne, dosiahne večnú smrť. Boh ho varoval, aby nejedol zo stromu poznania dobra a zla.

Napriek tomu, Adam a Eva porušili príkaz Boha a jedli zakázané ovocie. Satan sa od začiatku snažil narušiť Boží plán vychovávania skutočných a duchovných detí. Nakoniec Satan uspel, keď ich pokúšal jesť zo stromu cez hada, ktorý bol ľstivejší než akékoľvek iné voľne žijúce zvieratá (Gn 3, 1). Adam a Eva neuposlúchli Boží príkaz. Ako potom Adam neuposlúchol Boží príkaz hoci bol živým duchom a učil sa od Boha len pravdu?

V Gn 2, 15 zistíme, že Boh poveril Adama spravovaním a staraním sa o raj Edenu. Adam získal moc a autoritu od Boha, aby ho riadil a ochraňoval. Boh ho poveril jeho ochraňovaním, aby sa tam nedostalo nepriateľské zlo a Satan. Avšak Satan bez problémov ovládol hada a cez hada pokúšal Adama a Evu. Ako je to možné?

Jedným slovom, Satan je zlý duch, ktorý má právomoc nad kráľovstvom vzduchu. Satan nemá žiadny tvar. V Ef 2, 2, je Satan opísaný len ako knieža vzdušnej mocnosti, duch, ktorý teraz pôsobí v synoch neposlušnosti.

Pretože Satan je ako rádiové vlny, ktoré sú prenášané vzduchom, Satan mohol ovládať hada v raji Edenu, aby pokúšal Adama a Evu. Gn 1 ukazuje opakovanú špeciálnu frázu. Na konci každého dňa stvorenia Biblia opakuje: „Boh videl, že to bolo dobré." Táto veta nebola spomenutá na druhý deň, kedy bola urobená obloha.

Opäť, Ef 2, 2 hovorí o čase: „*v ktorých ste kedysi žili podľa ducha tohto sveta, podľa kniežaťa vzdušnej mocnosti, ducha, ktorý teraz pôsobí v neposlušných synoch.* " Boh vedel, že zlí duchovia mali moc nad kráľovstvom vzduchu.

Eva podľahla pokúšaniu hada

Had je len jedným zo zvierat na poli. Ako sa mu podarilo zlákať Evu k neposlúchnutiu príkazu Boha?

V raji Edenu ľudia vedeli komunikovali so všetkými živými tvormi, ako sú kvety, stromy, vtáky, zvieratá, a tak ďalej. Eva mohla komunikovať s hadom. Pôvodne, na rozdiel od dnešných dní, ľudia hady milovali a mali s nimi dobré vzťahy. Boli také hladké, čisté, dlhé, guľaté a múdre, aby ich Eva mala rada. Poznali ju dobre a potešovali ju. Tento prípad je rovnaký ako so psami, ktoré ich majitelia uprednostňujú, pretože sú múdrejší a nasledujú lepšie ako iné zvieratá.

Napriek tomu, mnohí ľudia hovoria: „Hady sú hrozné, jedovaté a nechutné." Takmer inštinktívne nemajú radi hadov, pretože hady sú tými, ktorí oklamali prvého človeka Adama a jeho ženu Evu, aby neposlúchli príkaz a zviedli ich na cestu smrti.

Aby sme pochopili podstatu hada, je nutné poznať vlastnosti pôvodnej pôdy. Každá zemina má odlišné zložky a rôzny podiel ich zloženia. Podľa prvkov pridaných do pôdy, môžu byť pôdy dobré alebo zlé. Keď Boh stvoril všetky druhy poľnej zveri a všetky druhy vtákov vo vzduchu, každú pôdu vybral tak, aby bola správna pre každé zviera (Gn 2, 19).

Boh na začiatku neurobil hada prefíkaného. Boh ho urobil múdreho natoľko, aby bol ľuďmi milovaný. Napriek tomu sa had stal ľstivým až po tom, čo do neho vstúpilo zlo. Ak by had neprijal Satanov hlas, ale vykonával by len Božiu vôľu, stal by sa múdrym a dobrým zvieraťom. Pretože počúval a poslúchol Satanov hlas, z hada sa stalo ľstivé zviera, ktoré zviedlo Evu k pádu do smrti.

Pretože Eva zmenila Božie Slovo

Had vedel, že Boh povedal Adamovi: A Pán Boh, prikázal človekovi: *„Zo všetkých stromov raja môžeš jesť. Zo stromu poznania dobra a zla však nejedz! Lebo v deň, keď by si z neho jedol, istotne zomrieš.“* (Gn 2, 16-17). No had sa ľstivo opýtal Evy: Naozaj povedal Boh: „Nesmiete jesť z nijakého rajského stromu!“ (Gn 3, 1)
Ako odpoveda Eva hadovi?

Z ovocia rajských stromov môžeme jesť, ale o ovocí stromu, ktorý je v strede raja nám Boh povedal: „Nejedzte z neho, ani sa ho nedotýkajte, aby ste nezomreli!“ (Gn 3, 2-3)

Boh Adama jasne varoval: *„Zo stromu poznania dobra a zla však nejedz! Lebo v deň, keď by si z neho jedol, istotne zomrieš.“* (Gn 2, 17). Zdôraznil, že ak by zo stromu jedli, nikdy by neboli živí. Avšak Evina odpoveď nie je taká zrejmá. Iba neurčito odpovedala: „Zomrieš.“ Vynechala slovo „Iste.“ Inými slovami mala na mysli: „Keď budete jesť zakázané ovocie, buď zomriete alebo nie.“

Nemala v mysli Boží príkaz a trochu pochybovala o Božom Slove. Po tom, čo had počul jej nejasnú a neistú odpoveď, ponáhľal sa ju pokúšať ešte viac. Dokonca to aj skreslilo Boží príkaz. Had povedal žene: „Určite zomrieš." Začalo to meniť Boží príkaz a povzbudzoval ženu: „*ale Boh vie, že v deň, keď budete z neho jesť, otvoria sa vám oči a vy budete ako Boh, budete poznať dobro a zlo.*" (Gn 3, 5). Pokúšal ju znova stimulovaním jej zvedavosti ešte viac.

Eva neuposlúchla svojou vlastnou slobodnou vôľou

Po tom, ako do ženy Satan vdýchol hriešne túžby prostredníctvom jej nečestných myšlienok, strom sa jej zdal iný, ako do tej doby poznala. Gn 3, 6 hovorí: „*A žena videla, že strom je na jedenie chutný, na pohľad krásny a na poznanie vábivý, nuž vzala z jeho ovocia a jedla, dala aj svojmu mužovi, čo bol s ňou, a on tiež jedol.*"

Pokušenie hada mala Eva rozhodne a úplne odmietnuť. Pohltili ju chute hriešneho človeka, túžba jej očí a pýcha života a doviedli ju k hriechu neposlušnosti.

Niektorí hovoria: „Vari Adam a Eva nejedli ovocie zo stromu poznania dobra a zla preto, lebo v sebe mali "hriešnu prirodzenosť?" Pred neuposlúchnutím v sebe nemali hriešnu prirodzenosť, ale len dobro. Mali len svoju vlastnú slobodnú vôlu, ktorou sa mohli rozhodnúť jesť alebo nejesť zakázané ovocie podľa Božieho príkazu.

Postupom času zanedbali Boží príkaz. Potom ich Satan pokúšal prostredníctvom hada a oni pokušeniu podľahli. Touto cestou, vstúpil do nich hriech a oni porušili príkaz, ktorý ustanovil Boh.

Toto je podobný prípad ako výchova detí v zle. Dokonca aj dieťa, ktoré hreší slovom i skutkom, nie je také zlé alebo hriešne vždy od narodenia. Najprv napodobňuje hrubé slová alebo nadávky ostatných detí bez toho, aby poznalo ich význam. Alebo môže nasledovať chlapca, ktorý udrie iného chlapca a teší sa z udierania ostatných chlapcov a z ich plaču. Takže opakovane udrie ďalších, zlo je koncipované a rastie v ňom.

Rovnakým spôsobom, Adam nemal hriešnu prirodzenosť od začiatku. Keď neposlúchol príkaz Boha a jedol zo stromu z jeho vlastnej slobodnej vôle, bol zasiaty hriech a bolo v ňom založené zlo.

Odplatou za hriech je smrť

Rovnako ako Boh povedal Adamovi: „Zo stromu poznania dobra a zla nesmieš jesť. Lebo v deň, keď by si z neho jedol, istotne zomrieš." Adam a Eva určite zomreli po tom, čo jedli zo stromu. To hovorí Jak 1, 15: „*Žiadostivosť potom, keď počne, porodí hriech a keď je hriech dokonaný, splodí smrť.*"

Rim 6, 23 vás učí zákon duchovnej sféry o výsledku hriechu, „*odplata za hriech je smrť.*" Pozrime sa na to, ako prišla smrť k Adamovi a Eve kvôli ich neposlušnosti.

Smrť ich duchov

Boh jasne povedal Adamovi: „Zo stromu poznania dobra a zla nesmieš jesť. Lebo v deň, keď by si z neho jedol, istotne zomrieš." Napriek tomu, nezomreli bezprostredne po tom, čo neuposlúchli príkaz Boha. Žili veľmi dlho a mali mnoho ďalších detí. A tak, čo bola „smrť," pred ktorou ich Boh varoval?

Nemal na mysli smrť tela, ale smrť ich duší. Ľudia sú stvorení duchom, ktorý môže komunikovať s Bohom, duša je služobníkom ich ducha a tela, v ktorom ich duch a duša prebývajú. 1 Tes 5, 23 hovorí, že ľudia sú zložení z ducha, duše a tela. Keď Adam a Eva neuposlúchli príkaz Boha, ich duch, pán človeka, zomrel.

Boh je bezúhonný, bez poškvrny a Svätý, ktorý prebýva v neprístupnom svetle, takže hriešnici s Ním nemôžu byť. Keď bol Adam živým duchom, mohol komunikovať s Bohom, ale po tom, čo jeho duch zomrel kvôli hriechu, už viac nemohol s Bohom komunikovať.

Začiatok bolestivého života

Raj Edenu bol veľmi bohatým a krásnym miestom, kde nebol strach ani úzkosť. Adam a Eva tam mohli žiť naveky a jesť zo stromu života. Ale z raja Edenu boli vyhnaní po tom, čo zhrešili. A vtedy začali ich problémy a ťažkosti.

V tehotenstve začala žena trpieť väčšími bolesťami. Začala po manželovi túžiť a jej manžel začal nad ňou vládnuť. Až po tom, keď človek skultivoval prekliatu pôdu ťažkou, bolestivou námahou, mohol z nej jesť po všetky dni svojho života (Gn 3, 16-17).

V Gn 3, 18-19 Boh hovorí Adamovi: „*Tŕnie a bodľačie ti bude rodiť a ty budeš jesť poľné byliny. V pote svojej tváre budeš jesť svoj chlieb, kým sa nevrátiš do zeme, z ktorej si bol vzatý, lebo prach si a na prach sa obrátiš!*" Prostredníctvom týchto veršov Boh naznačuje, že človek sa musí vrátiť do hrsti prachu.

Pretože Adam, praotec celého ľudstva, spáchal hriech neposlušnosti a jeho duch zomrel, všetci jeho potomkovia sú narodení ako hriešnici a kráčajú cestou smrti.

Rim 5, 12 zaznamenáva Adamov trvalý odkaz: „*Preto ako skrze jedného človeka vstúpil do tohoto sveta hriech a skrze hriechu smrť, tak aj smrť prešla na všetkých ľudí, lebo všetci zhrešili.*"

Všetci ľudia sa rodia s prvotným hriechom

Boh dáva ľuďom možnosť množiť sa a zvyšovať svoj počet zárodkami života, ktoré im dáva, keď ich stvorí. Ľudia sú počatí zjednotením spermie a vajíčka, ktoré Boh dáva každému mužovi a každej žene ako semená života. Vzhľadom k tomu, že spermie alebo vajíčka majú vlastnosti každého rodiča, dieťa, ktoré je počaté zjednotením spermie a vajíčka, sa podobá svojim rodičom, má rovnaké charakteristické znaky, vkus, zvyky, záľuby, držanie tela, a tak ďalej.

Týmto spôsobom bola Adamova hriešna prirodzenosť odovzdaná všetkým jeho potomkom po tom, čo Adam, praotec celého ľudstva, zhrešil. Nazýva sa „dedičný hriech." Adamovi potomkovia sa rodia s dedičným hriechom. Takže všetci ľudia sú nevyhnutne hriešnici.

Niektorí neveriaci sa sťažujú: „Prečo a ako som hriešnikom? Nespáchal som žiadny hriech." Alebo iní sa pýtajú: „Ako môže byť Adamov hriech prenesený na mňa?"

Zoberme si príklad dieťaťa. Dojčiaca matka má dieťa, ktoré nemá ešte ani jeden rok. Pred očami svojho vlastného dieťaťa dojčí druhé dieťa. Je veľmi pravdepodobné, že dieťa sa nahnevá a bude sa snažiť odtlačiť to druhé dieťa. Ak matka neprestane dojčiť druhé dieťa, alebo ak dieťa neprestane sať z jej pŕs, jej dieťa by mohlo odstrčiť alebo udrieť matku, alebo to druhé dieťa. Ak bude matka pokračovať v dojčení druhého dieťaťa, jej vlastné dieťa sa môže rozplakať.

Aj keď nikto neučí malé dieťa k závisti, žiarlivosti, nenávisti, chamtivosti alebo úderom, dieťa má tieto zlé veci v mysli od narodenia. Táto skutočnosť vysvetľuje, že ľudia sa rodia s dedičným hriechom, ktorý zdedili po svojich rodičoch.

O koľko viac po celý život hreší každý človek vlastnou vôľou? Musíte pochopiť, že nielen hriešne činnosti, ale aj každý druh zla v ľudskej mysli je hriechom pred Bohom, ktorý je sám o sebe svetlom. Boh vníma a pozoruje zlo v mysli, ako je nenávisť, chamtivosť, odsúdenie, a mnoho ďalších.

Preto nám Biblia hovorí, že nikto nebude pred Bohom vyhlásený za spravodlivého tým, že dodržiava zákon a všetci ľudia nedosiahnu Božej slávy, pretože zhrešili (Rim 3, 20, 23).

Nielen ľudia, ale aj všetky veci boli prekliate

Keď Adam, ktorý bol pánom všetkých vecí, zhrešil a bol prekliaty, zem a všetky hospodárske zvieratá, všetky poľné zvery a vtáky boli prekliate spolu s ním. Od tej doby sa rodí škodlivý a jedovatý hmyz, ako sú muchy alebo komáre, ktoré prenášajú najrôznejšie ochorenia.

Zem začala produkovať tŕnie a bodliaky a ľudia mohli zbierať plodiny len bolestivou drinou a potom z čela. Ľudia boli donútení čeliť slzám, smútku, bolesti, chorobám, smrti a podobne, pretože na tejto zemi boli prekliati.

Preto, Rim 8, 20-22 hovorí: *„Lebo stvorenie bolo podrobené márnosti – nie z vlastnej vôle, ale z vôle toho, ktorý ho podrobil a dal mu nádej, že aj samo stvorenie bude vyslobodené z otroctva skazy, aby malo účasť na slobode a sláve Božích detí. Veď vieme, že celé stvorenie spoločne vzdychá a zvíja sa v pôrodných bolestiach až doteraz. "*

A ako bol prekliaty had? V Gn 3, 14 Boh ľstivému hadovi, ktorý naviedol ľudí na hriech, povedal: *„Preto, že si to urobil, prekliaty budeš medzi všetkým dobytkom a medzi všetkou poľnou zverou! Na bruchu sa budeš plaziť a prach zeme hltať po celý svoj život!"* Hady však nehltajú prach, ale živé zvieratá, ako sú vtáky, žaby, myši alebo hmyz. Boh jasne povedal: „a prach zeme budeš hltať po celý svoj život!" Ako by ste si mali vyložiť tento verš?

„Prach" tu symbolizuje „ľudí, ktorí sú stvorení z prachu zeme" (Gn 2, 7) a „had" symbolizuje nepriateľského diabla a Satana

(Zjv 20, 2). „Prach zeme budeš hltať po celý svoj život" symbolizuje, že Satan a diabol pohltí ľudí, ktorí nežijú podľa Božieho Slova, ale kráčajú v tme.

Dokonca aj Božie deti čelia problémom a ťažkostiam, ktoré prináša Satan a diabol, ak spáchajú zlo a hriech proti Božej vôli. Dnes Satan a diabol obchádza okolo ako revúci lev hľadajúci niekoho, koho by zožral (1 Pt 5, 8). Ak niekoho nájde, zotročí ho kliatbou hriechu a stiahne ho na cestu skazy. Ak je to možné, snaží sa pokúšať dokonca aj Božie deti.

Satan a diabol láka tých, ktorí hovoria: „Verím v Boha," ale nie sú si istí Božím Slovom a zvádza ich na cestu smrti. Obvykle sa Satan a diabol snaží zvádzať vás cez vašich blízkych, ako je váš manžel, priateľ, a príbuzní - tak, ako pokúšal Evu cez hada, jedného z jej najmilovanejších zvierat.

Napríklad, váš partner či priateľ sa opýta: „Nestačí, aby si chodil na bohoslužbu iba v nedeľu ráno? Musíš vždy chodiť na bohoslužbu aj v nedeľu večer?" alebo „Snažíš sa každý deň robiť vždy to najlepšie?" „Boh vidí a pozná dokonca aj hĺbku vášho srdca, pretože je vševediaci a všemohúci. Musíte v modlitbe nutne volať?"

Boh prikázal, aby ste pamätali na deň odpočinku a svätili ho (Ex 20, 8), snažte sa zhromaždiť v mene Pánovom (Hebr 10, 25) a volať v modlitbách (Jer 33, 3). Satan nemôže zvádzať ani prinútiť k hriechu tých, ktorí dodržiavajú Božie Slovo úplne (Mt 7, 24 - 25).

Rovnako ako je napísané v Ef 6, 11: „*Oblečte si Božiu výzbroj, aby ste mohli čeliť úkladom diabla,*" musíte sa vystrojiť Slovom Božej Pravdy a pomocou viery odvážne vyhnať nepriateľského diabla a Satana.

Prečo Boh umiestnil strom poznania dobra a zla v raji Edenu

Boh dal vyrásť stromu poznania dobra a zla v raji Edenu nie preto, aby poslal ľudí do záhuby, ale preto, aby im dal ozajstné šťastie. Nepochopením Jeho hlbokému plánu, mnoho ľudí nechápe lásku a spravodlivosť Boha, a dokonca neveria v Boha. Žijú nudný a mdlý život bez nájdenia pravého účelu ich života.

Prečo teda Boh umiestnil strom poznania dobra a zla v raji Edenu a prečo vám to prináša veľké požehnania?

Adam a Eva nepoznali pravé šťastie

Raj Edenu bol taký krásny a bohatý, že si to nedokážete predstaviť. Boh dal zo zeme vyrásť všetkým druhom stromov. Boli príjemné na pohľad a dobré pre jedlo. V strede záhrady bol strom života a strom poznania dobra a zla (Gn 2, 9).

Prečo teda Boh umiestnil strom poznania dobra a zla v strede záhrady spolu so stromom života tak, aby ho bolo dobre vidieť? Boh nemal nikdy v úmysle ich zviesť na cestu smrti pokúšaním, aby jedli zo stromu. Tam bola Božia prozreteľnosť, aby sme pochopili relativitu prostredníctvom stromu poznania dobra a zla a stali sa skutočnými a duchovnými deťmi, ktoré cítia Jeho srdce.

Zatiaľ čo ľudia zažívajú slzy, smútok, chudobu, alebo choroby, ľudia si môžu myslieť, že Adam a Eva museli byť v raji Edenu veľmi šťastní, pretože nezažili bolesti ako sú slzy, smútok, chudobu alebo choroby na tomto svete. Avšak ľudia v raji Edenu nepoznali ani naozajstné šťastie, ani pravú lásku, pretože nezažili relativitu.

Zoberme si príklad. Máme dvoch chlapcov. Jeden sa narodil a vyrástol v biede, ale druhý sa narodil v hojnosti a užíval si to. Ak každému z nich dáte ako darček veľmi drahé hračky, aký druh odozvy vám každý z nich dá? Na jednej strane, chlapec, ktorý vyrástol v blahobyte, nebude veľmi vďačný, pretože len málokedy cíti hodnotu hračky. Na druhej strane, ten druhý chlapec, ktorý vyrástol v biede, bude veľmi vďačný a hračka bude pre neho veľmi vzácna.

Pravé šťastie prichádza cez relativitu

Rovnakým spôsobom tí, ktorí zažívajú relatívne veci slobody alebo hojnosti, poznajú a vychutnávajú si skutočné šťastie a pravú slobodu. Na rozdiel od raja Edenu, na tomto svete existuje veľa relatívnych vecí. Ak chcete vedieť a vychutnať si skutočnú hodnotu čohokoľvek, musíte zažiť jeho relatívnu stránku. Nemôžete si uvedomiť jeho skutočnú hodnotu, kým nezažijete jeho opačné aspekty.

Napríklad, ak chcete poznať ozajstné šťastie, musíte zažiť nešťastie. Ak chcete poznať hodnotu pravej lásky, musíte zažiť nenávisť. Nemôžete si plne uvedomiť hodnotu svojho zdravia, kým nie ste v bolestiach z choroby alebo zlého zdravia. Neuvedomíte si hodnotu večného života a nebudete vďační

Bohu Otcovi, ktorý vám pripravuje miesto v nebi, kým nepochopíte, že skutočne je tu smrť a peklo.

Prvý človek Adam sa tešil, že mohol jesť, čo si prial a mal právomoc riadiť v raji Edenu všetko. To všetko získal bez bolestivej driny a potu na čele. Z tohto dôvodu nevyjadril vďačnosť Bohu, ktorý mu to všetko dal, ani vo svojom srdci nepoznal Jeho milosť a lásku.

Neskôr Adam neposlúchol príkaz Boha tým, že zjedol ovocie. Dovtedy bol živým duchom, ale po tom, ako zhrešil, jeho duch zomrel a on sa stal človekom z mäsa. On a jeho manželka boli vyhnaní z raja Edenu a prišli žiť na túto zem. Začal trpieť tým, čo v rajskej záhrade nikdy nezažil: slzy, smútok, choroby, bolesť, nešťastie, smrť, a tak ďalej. Nakoniec zažil všetko to, čo je opakom šťastia v raji Edenu.

Takto Adam a Eva pochopili a cítili, čo bolo šťastie alebo nešťastie, a aké cenné sú sloboda a hojnosť, ktoré im Boh dal v raji Edenu.

Váš život nebude mať zmysel, ak budete žiť navždy bez toho, aby ste zažili, čo je šťastie a čo nešťastie. Aj keď teraz zažívate ťažkosti, váš život bude cennejší a zmysluplnejší, ak neskôr zažijete naozajstné šťastie.

Napríklad, aj keď rodičia očakávajú, že ich deti zažijú pri štúdiu ťažkosti, stále svoje deti nechajú chodiť do školy. Ak svoje deti milujú, rodičia im ochotne pomáhajú usilovnejšie študovať a skúsiť veľa dobrých vecí. Je to rovnaký prípad ako srdce Boha Otca, ktorý poslal ľudí na tento svet a vychováva ich cez rôzne druhy skúseností ako svoje skutočné deti.

Z rovnakého dôvodu umiestnil Boh strom poznania dobra a

zla v raji Edenu a nezabránil Adamovi a Eve, aby svojou slobodnou vôľou z neho jedli. On naplánoval všetky veci tak, že ľudia zažili všetky druhy radosti, hnevu, smútku a potešenia na tomto svete a stali sa Jeho skutočnými deťmi skrze zdokonaľovanie človeka.

Cez bolestivé skúsenosti mohli konečne pochopiť skutočnú hodnotu a význam týchto vecí, jednu po druhej, v hĺbke svojho srdca.

Pretože poznali a zažili skutočné šťastie skrze zdokonaľovanie človeka, Božie deti nezradia Boha znovu, ako to urobil Adam v raji Edenu, bez ohľadu na to, koľko času uplynie. Namiesto toho, ho budú stále viac a viac milovať, budú naplnení radosťou a vďačnosťou a ešte viac Ho budú oslavovať.

Pravé šťastie v nebi

Božie deti, ktoré na tomto svete zažili slzy, smútok, bolesť, choroby, smrť a tak ďalej, vstúpia do večného neba a budú si tam navždy vychutnávať večné šťastie, lásku, radosť a vďakyvzdanie. V nebi budú cítiť radosť dokonalého šťastia.

V tomto telesnej svete všetko hnije a umiera, ale vo večnom nebeskom kráľovstve neexistuje žiadna hniloba, smrť, slzy ani smútok. Na tomto svete je zlato považované za najcennejšie, ale všetky cesty v Novom Jeruzaleme na nebesiach sú vyrobené z čistého zlata. Nebeské domy sú vyrobené z veľmi krásnych a cenných šperkov. Aké sú úžasné a krásne!

Zlato alebo šperky som považoval za najcennejšie až dovtedy, kým som sa nestretol s Bohom, ale od okamihu, keď som sa dozvedel o večnom nebi, začal som považovať všetko na tomto svete márne a bezcenné. Život na tomto svete je len okamihom v porovnaní s večnosťou. Ak naozaj veríte a dúfate vo večné nebo, nikdy nebudete milovať tento svet. Namiesto toho budete myslieť len na to, čo by ste mali a mohli urobiť pre to, aby ste zachránili čo i len jednu osobu, alebo ako by ste mohli evanjelizovať všetkých ľudí na celom svete. Nahromadíte si pre seba odmenu v nebi tým, že celým svojím srdcom ponúknete Bohu to najlepšie zo seba, bez toho, aby ste sa snažili nahromadiť si poklady na zemi.

Apoštol Pavol dokázal prejsť ťažkou cestou až do konca s radosťou a vďakou, pretože videl tretie nebo, ktoré mu Boh vo videní ukázal. Ako apoštol musel znášať obrovské útrapy pohanov. Boh mu ukázal veľkú krásu neba a povzbudil ho, aby kráčal svojou cestou až do konca v nádeji na nebeský život. Bol palicovaný, ukrutne bičovaný, kameňovaný, často väznený, a potil sa krvou, keď kázal evanjelium Pána. Napriek tomuto všetkému, Pavol vedel, že všetky tieto veci budú neopísateľne odmenené v nebi. Nakoniec, všetky jeho problémy boli pre veľké nebeské požehnanie.

Boží ľudia nedúfajú v tento svet. Túžia len po nebeskom kráľovstve. Tento svet je len okamihom v očiach Boha, ale život v nebeskom kráľovstve je večný. V nebi nie sú žiadne slzy, smútok, utrpenie, a ani smrť. A tak možu navždy radostne žiť dúfajúc v úžasné odmeny, ktorými ich Boh odmení v nebi podľa toho, čo zasiali alebo urobili.

Preto sa modlím v mene nášho Pána Ježiša Krista, aby ste

pochopili veľkú lásku a prozreteľnosť Boha Stvoriteľa a pripravovali sa na vstup do neba, aby ste sa mohli tešiť z večného života a pravého šťastia v úžasne krásnom a nádhernom nebi.

Kapitola 4

TAJOMSTVO UKRYTÉ
PRED ZAČIATKOM VEKOV

- Adamova právomoc odovzdaná diablovi
- Zákon o vykúpení pozemkov
- Tajomstvo ukryté pred začiatkom vekov
- Ježiš je kvalifikovaný v súlade
  s duchovným zákonom

„ Medzi dokonalými hovoríme aj múdrosť – no nie múdrosť tohoto veku ani múdrosť kniežat tohoto veku, ktoré spejú k záhube, ale hovoríme tajomnú Božiu múdrosť, ktorá bola skrytá a ktorú Boh pred vekmi určil nám na slávu. Nik z kniežat tohoto veku ju nepoznal. Veď keby ju boli poznali, nikdy by neboli ukrižovali Pána slávy. "

1 Kor 2, 6-8

Adam a Eva boli v raji Edenu pokúšaní hadom, neuposlúchli príkaz Boha a jedli zo stromu poznania dobra a zla, pretože vo svojich mysliach túžili byť ako Boh. Výsledkom bolo to, že oni a všetci ich potomkovia sa stali hriešnikmi.

Z pohľadu človeka sa predpokladá, že Adam a Eva boli nešťastní, pretože boli z raja Edenu vyhnaní a museli ísť cestou smrti. Avšak, duchovne povedané, je to úžasné Božie požehnanie, pretože majú možnosť tešiť sa zo spasenia, večného života a nebeského požehnania skrze Ježiša Krista.

Vďaka zdokonaľovaniu človeka tajomstvo, ktoré bolo ukryté pre našu slávu pred začiatkom vekov, bolo odhalené a cesta ku spáse bola doširoka otvorená všetkým národom. Poďme sa ponoriť hlbšie do tajomstva, ktoré bolo ukryté pred začiatkom vekov a do toho, ako bola cesta ku spáse otvorená.

Adamova právomoc odovzdaná diablovi

V Lk 4, 5-6 vidíme, že diabol pokúšal Ježiša, ktorý práve dokončil 40-dňový pôst:

Potom ho diabol vyzdvihol, v jedinom okamihu mu

ukázal všetky kráľovstvá sveta a vravel mu: „Dám ti
všetku ich moc a slávu, lebo som ju dostal a dám ju
komu chcem. "

Diabol povedal, že Ježišovi odovzdá právomoc, pretože ju
dostal od niekoho iného. Prečo Boh, ktorý všetko riadi, dovolil,
aby bola celá právomoc odovzdaná diablovi?

V Gn 1, 28 je napísané: *„Boh ich požehnal a povedal im:*
,Ploďte a množte sa a naplňte zem! Podmaňte si ju a panujte
nad rybami mora, nad vtáctvom neba a nad všetkou zverou, čo
sa hýbe na zemi!'"

Adam od Boha dostal autoritu a moc riadiť a vládnuť nad
všetkými vecami. On bol pánom všetkých vecí, ale po dlhej dobe
boli, on a jeho manželka, oklamaní ľstivým hadom, aby jedli zo
stromu poznania dobra a zla. Spáchali hriech neposlušnosti voči
Bohu.

Rim 6, 16 hovorí: *„Neviete, že komu sa dávate za otrokov a*
poslúchate ho, ste otrokmi toho, koho poslúchate: či hriechu
na smrť, alebo poslušnosti pre spravodlivosť?" Ste otrokmi
hriechu a spravodlivosti. Ak sa dopustíte hriechov, ste otrokom
hriechu a povedie vás to k smrti. Ak počúvate slová
spravodlivosti, ste otrokom spravodlivosti a vstúpite do neba.

Adam sa dopustil hriechu neposlušnosti k Bohu a stal sa
otrokom hriechu. A tak už nemohol mať všetku autoritu a moc,
ktorú mu Boh dal. Musel odovzdať autoritu a moc diablovi
rovnako ako všetky majetky otroka patria prirodzene jeho
pánovi. Stručne povedané, Adam odovzdal svoju autoritu a moc,

ktoré mu dal Boh, diablovi, pretože zhrešil a stal sa otrokom hriechu.

Adamova neposlušnosť mala za následok hriechy všetkých ľudí. To spôsobilo, že on a všetci jeho potomkovia slúžia diablovi ako otroci a sú odsúdení na smrť.

Zákon o vykúpení pozemkov

Čo musia ľudia urobiť preto, aby boli oslobodení od nepriateľského diabla a Satana, a aby boli vykúpení z hriechu a zo smrti? Niektorí hovoria: „Boh bezpodmienečne odpúšťa každému, pretože Boh je láska. Oplýva súcitom a milosrdenstvom." Ale 1 Kor 14, 40 hovorí: *„Ale nech sa všetko deje slušne a po poriadku."* Boh robí všetko po poriadku podľa zákona duchovnej sféry. Boh nerobí nič proti duchovnému zákonu, pretože On je Bohom spravodlivosti a bezúhonnosti.

V duchovnej sfére je zákon potrestať hriešnikov a hovorí: „Odplatou za hriech je smrť." A tiež je tam zákon o vykúpení hriešnikov. Tento duchovný zákon by mal byť aplikovaný na znovuzískanie autority, ktorú Adam odovzdal diablovi.

Tak teda, čo je zákon o vykúpení hriešnikov? Je to zákon o vykúpení pozemkov zaznamenaný v Starom zákone. Pred začiatkom vekov Boh Otec tajne pripravil cestu ľudskej spásy podľa tohto zákona.

Čo je zákon o vykúpení pozemkov?

Toto je Boží príkaz Izraelitom v Lv 25, 23-25:

Pôda sa teda nebude predávať navždy, lebo pôda je moja a vy ste len cudzincami a prišelcami u mňa. Preto v celej krajine, ktorú budete vlastniť, musíte pristať na právo môcť si znovu zem vykúpiť. Ak tvoj príbuzný schudobnie a predá čiastku svojich rolí, vystúpi jeho najbližší príbuzný ako jeho výkupník a odkúpi, čo jeho príbuzný predal.

Každý kus zeme patrí Bohu a nesmie byť predávaný natrvalo. Ak niekto predal pôdu kvôli chudobe, Boh dovolil jemu alebo jeho najbližšiemu príbuznému, aby pozemok odkúpil. Toto je zákon o vykúpení zeme.

Pri predaji a kúpe pozemkov Izraeliti napísali zmluvný certifikát pôdy podľa zákona o vykúpení zeme, ktorý hovorí nepredávať pozemok natrvalo.

Predávajúci a kupujúci napíše podrobný obsah pozemkov do zmluvného certifikátu, aby predávajúci alebo jeho najbližší príbuzní mohli o nejaký čas neskôr zem odkúpiť. Urobia kópiu certifikátu a obaja opečiatkujú svojimi pečaťami obidve zmluvy pred očami dvoch alebo troch svedkov. Jedna zmluva je zapečatená a uložená v sklade svätého chrámu. Druhá zmluva je uložená vo vstupnej miestnosti, je otvorená a nezapečatená. Zákon o vykúpení pozemkov umožňuje predávajúcemu a jeho najbližším príbuzným pozemky kedykoľvek odkúpiť.

Zákon o vykúpení pozemkov a spása ľudstva

Prečo Boh pripravil cestu ľudskej spásy podľa zákona o vykúpení zeme? Gn 3, 19 a 23 nám jasne hovorí, že zákon o vykúpení pozemkov má priame spojenie so spasením ľudstva:

V pote svojej tváre budeš jesť svoj chlieb, kým sa nevrátiš do zeme, z ktorej si bol vzatý, lebo prach si a na prach sa obrátiš! (Gn 3, 19)

A Pán Boh, ho vykázal z rajskej záhrady, aby obrábal zem, z ktorej bol vzatý. (Gn 3, 23)

Boh povedal Adamovi po jeho neposlušnosti: „Lebo prach si a na prach sa obrátiš." Tu „ prach" symbolizuje ľudí, ktorí boli stvorení z prachu. Preto sa ľudia obrátia po smrti na prach.

Zákon o vykúpení pozemkov hovorí, že všetka pôda je Božia a nesmie byť predávaná natrvalo (Lv 25, 23-25). Tieto verše znamenajú, že všetci ľudia sú stvorení z prachu zeme a patria Bohu a nemôžu byť predaní natrvalo. Toto tiež znamená, že žiadna autorita a moc, ktoré Adam dostal od Boha v raji Edenu, nemôžu byť predané natrvalo, pretože patria Bohu.

Adamova autorita bola odovzdaná nepriateľskému diablovi a Satanovi, ale ten, kto je predurčený na vykúpenie Adamovej stratenej autority, ju môže znova získať od nepriateľa diabla. Podobne, Boh spravodlivosti predurčil dokonalého Vykupiteľa podľa zákona o vykúpení pozemkov. Tým vykupiteľom je Spasiteľ všetkých ľudí.

Tajomstvo ukryté pred začiatkom vekov

Pred začiatkom vekov Boh lásky vedel, že Ho Adam neuposlúchne a všetci jeho potomkovia pôjdu cestou smrti. V tajnosti pripravil cestu ľudskej spásy a ukryl ju, až kým nenadišiel čas, ktorý On určil.

Ak by diabol vedel o Božej ceste, zabránil by Bohu vo vyriešení problému hriechu a smrti všetkých ľudí, aby nestratil svoju autoritu. 1 Kor 2, 7 hovorí, že: *„ale hovoríme tajomnú Božiu múdrosť, ktorá bola skrytá a ktorú Boh pred vekmi určil nám na slávu. "*

Ježiš Kristus, Božia múdrosť

Rim 5, 18-19 hovorí: *„Teda ako previnenie jedného prinieslo odsúdenie všetkým ľuďom, tak spravodlivosť jedného priniesla všetkým ľuďom ospravedlnenie a život. Lebo ako sa neposlušnosťou jedného človeka mnohí stali hriešnikmi, tak zasa poslušnosťou jedného sa mnohí stanú spravodlivými. "*

Všetci ľudia sa stanú spravodlivými a budú spasení skrze poslušnosť jedného šloveka, rovnako ako sa všetci ľudia stali hriešnikmi a padli na cestu smrti kvôli neposlušnosti jedného človeka.

Podobne Boh poslal Ježiša Krista, ktorého v tajnosti pripravil ako cestu spásy, nechal Ježiša ukrižovať a vzkriesil Ho. Od tej doby kto v neho verí, je spasený.

V 1 Kor 1, 18 nám Boh hovorí, že: *„Lebo slovo kríža je bláznovstvom pre tých, čo idú do záhuby, ale pre tých, čo sú na* *ceste spásy, teda pre nás, je Božou mocou. "*

Niektorým ľuďom to znie hlúpo, že Syn všemohúceho Boha bol urážaný a zabitý Jeho stvoreniami. Avšak tento „pochabý" Boží plán je oveľa múdrejší než najmúdrejší ľudský plán a Božia „slabosť" je ďaleko silnejšia ako najväčšia ľudská sila (1 Kor 1, 19-24). Biblia jasne hovorí, že nikto nikdy sa nemôže v očiach Boha stať správnym pre dodržiavanie zákona. Napriek tomu, Boh týmto jednoduchým spôsobom otvoril cestu k spáse každému, kto verí v Ježiša Krista.

Odplatou za hriech je smrť. Preto by nikto nikdy nemohol byť spasený, ak by Ježiš nezomrel za naše hriechy. Ježiš bol ukrižovaný za naše hriechy a Božou mocou vstal z mŕtvych. Podobne, Boh pripravil cestu, ktorá mohla vyzerať slabo a pochabo a ukryl ju na dlhú dobu.

Boh ukryl Ježiša Krista a Jeho ukrižovanie držal v tajnosti, pretože ak by sa nepriateľský diabol a Satan o tom dozvedel, zabránil by ceste ľudskej spásy. Diabol by nikdy nezabil Ježiša na kríži, keby vedel, že Boh pripravil cestu spásy prostredníctvom kríža, aby vykúpil všetkých ľudí z hriechov, aby ich zachránil pred smrťou a od diabla získal späť Adamovu moc.

Opäť, pamätajte si 1 Kor 2, 7-8: „*Ale hovoríme múdrosť Božiu v tajomstve, skryté múdrosti, ktorú Boh pred vekmi predurčil, aby naše sláva, múdrosť, ktorú nikto z vládcov tohto veku sa rozumie, pretože ak by pochopili, že oni by nemali ukrižovali Pána slávy. "*

Ježiš je kvalifikovaný v
súlade s duchovným zákonom

Tak ako má každá zmluva predpisy, aj duchovná sféra má pravidlo, ktoré nariaďuje, že Vykupiteľ musí byť na znovuzískanie Adamovej stratenej moci od diabla kvalifikovaný v súlade so zákonom o vykúpení pozemkov.

Napríklad, predpokladajme, že máme muža, ktorí čelí bankrotu v podnikaní. Má veľký dlh, ale nie je schopný ho splatiť. Ak má bohatého brata, ktorý ho miluje, jeho brat splatí naraz všetky jeho dlhy.

Všetci ľudia, ktorí sú hriešnici od Adamovho pádu, potrebujú Spasiteľa, ktorý je kvalifikovaný očistiť ich od hriechov. Aké sú teda kvalifikácie Vykupiteľa? Prečo Biblia hovorí, že iba Ježiš je kvalifikovaný?

Po prvé, Vykupiteľ musí byť človek

Lv 25, 25 hovorí: *„Ak tvoj príbuzný schudobnie a predá čiastku svojich rolí, vystúpi jeho najbližší príbuzný ako jeho výkupník a odkúpi, čo jeho príbuzný predal. "* Zákon o vykúpení pozemkov hovorí, že ak človek schudobnie a predá svoj majetok, jeho najbližší príbuzný môže vykúpiť to, čo on predal.

1 Kor 15, 21-22 hovorí: *„Lebo ako je skrze človeka smrť, tak je skrze človeka aj zmŕtvychvstanie. Veď ako všetci umierajú v Adamovi, tak zasa všetci ožijú v Kristovi. "* Prvá kvalifikácia Vykupiteľa, ktorý dokáže znovuzískať Adamovu autoritu je to, že musí byť človek. Táto skutočnosť je opäť

podrobne popísaná v Zjv 5, 1-5:

I videl som v pravici Sediaceho na tróne knihu popísanú znútra i zvonka a zapečatenú siedmimi pečaťami. A videl som mocného anjela, ktorý ohlasoval mohutným hlasom: „Kto je hoden otvoriť knihu a rozlomiť jej pečate?" Ale nik na nebi ani na zemi ani pod zemou nemohol otvoriť knihu a nazrieť do nej. Ja som veľmi plakal, že sa nenašiel nik, kto by bol hoden otvoriť knihu a nazrieť do nej. A jeden zo starcov mi povedal: „Neplač, lebo zvíťazil Lev z Júdovho kmeňa, Koreň Dávidov; on otvorí knihu a jej sedem pečatí. "

„Kniha popísaná znútra i zvonka a zapečatená siedmimi pečaťami" predstavuje zmluvu, ktorá bola medzi Bohom a diablom, keď Adam neuposlúchol Boha a stal sa hriešnikom. Apoštol Ján nemohol nájsť nikoho na nebi alebo na zemi alebo pod zemou, kto by bol hodný zlomiť jej pečate a otvoriťzvitky.

Bolo to preto, že anjeli v nebi nie sú ľudia, všetci ľudia na zemi sú hriešnici ako potomkovia Adama a pod zemou sú len zlí duchovia patriaci k diablovi a mŕtve duše, ktoré patria do pekla.

Vtedy jeden zo starcov povedal Jánovi: „Neplač, lebo zvíťazil Lev z Júdovho kmeňa, Koreň Dávidov; on otvorí knihu a jej sedem pečatí." Tu „koreň Davidov odkazuje na Ježiša, ktorý sa narodil ako potomok kráľa Dávida z kmeňa Júdovho (Sk 13, 22-23). Preto je Ježiš kvalifikovaný pre prvú podmienku zákona o vykúpení pozemkov. "

Niektorí môžu namietať, že „Boh je Neobmedzený. Ježiš je

určite Boh, pretože je Božím Synom. Nikdy nie je človekom." Pamätajte si však, čo hovorí Jn 1, 1: *„to Slovo bolo Boh,"* a Jn 1, 14 hovorí: *„A Slovo sa telom stalo a prebývalo medzi nami."* Boh, ktorý bol Slovo, stal sa telom a žil tu na zemi medzi nami.

Bol to Ježiš, ktorého skutočnou podstatou bol Boh, a ktorý sa stal telom ako človek. On bol vo svojej podstate Slovom a Božím Synom. Mal človečenstvo a božstvo. Avšak, narodil sa a vyrástol v ľudskej podobe v ľudskom tele. História ľudstva sa delí na dve časti, pričom používa dátum narodenia Ježiša Krista ako delič: BC, pred Kristom a AD, Anno Domini. Toto samo o sebe svedčí o tom, že Ježiš sa stal telom a zostúpil na túto zem. Narodenie Ježiša, výchova a ukrižovanie sú tiež súčasťou tohto zrejmého faktu.

Ježiš je teda človek a je kvalifikovaný byť naším Vykupiteľom.

Po druhé, nesmie byť Adamovým potomkom

Dlžník nemôže splatiť dlh iných ľudí. Môže ho splatiť ten, kto nemá dlhy a má schopnosť pomáhať druhým. A rovnako, Spasiteľ všetkých ľudí musí byť bez viny a bez poškvrny, aby mohol všetkých ľudí vykúpiť z hriechov a zo smrti. Všetci ľudia sú potomkovia Adama a hriešnici, pretože prvý praotec všetkých ľudí, Adam, zhrešil. Žiadny z jeho potomkov nie je kvalifikovaný byť Vykupiteľom všetkých ľudí, pretože oni sami sú hriešnici. Dokonca ani jeden z najväčších mužov v histórii nemôže byť zodpovedný za hriechy iných.

Je Ježiš kvalifikovaný?

Mt 1, 18-21 opisuje Ježišovo narodenie. Bol počatý z Ducha Svätého, nie zjednotením muža a ženy. Verše znejú:

S narodením Ježiša Krista to bolo takto: Jeho matka Mária bola zasnúbená s Jozefom: Ale skôr, ako by boli začali spolu bývať, ukázalo sa, že počala z Ducha Svätého. Jozef, jej manžel, bol človek spravodlivý a nechcel ju vystaviť potupe, preto ju zamýšľal potajomky prepustiť. Ako o tom uvažoval, zjavil sa mu vo sne Pánov anjel a povedal: „Jozef, syn Dávidov, neboj sa prijať Máriu, svoju manželku, lebo to, čo sa v nej počalo, je z Ducha Svätého. Porodí syna a dáš mu meno Ježiš, lebo on vyslobodí svoj ľud z hriechov."

Ježiš bol podľa Jeho rodokmeňa potomkom Dávida (Mt 1, Lk 3, 23-37). Ale bol počatý z Ducha Svätého predtým, ako sa Mária spojila s Jozefom. Preto nemal hriešnu prirodzenosť.

Každý sa rodí s dedičným hriechom, pretože dedí hriešnu prirodzenosť po svojich rodičoch. Inými slovami po tom, ako Adam zhrešil, odovzdal svoju hriešnu prirodzenosť všetkým jeho potomkom. Hriešna prirodzenosť je zdedená všetkými ľuďmi až dodnes a ten hriech sa nazýva "dedičný hriech". Z tohto dôvodu sú všetci potomkovia Adama hriešnici a nemôžu vykúpiť ostatných ľudí.

Preto Boh Otec plánoval, aby bol Jeho Syn Ježiš počatý z Ducha Svätého v lone Panny Márie. Týmto spôsobom sa Ježiš stal telom a zostúpil na tento svet, ale nebol potomkom Adama.

Po tretie, musí mať silu premôcť diabla

Opäť, Lv 25, 26-27 nám hovorí:

Keď však niekto nemá nijakého výkupníka a sám sa zmôže na to, čo sa vyžaduje na výkup, tak spočíta roky, ktoré uplynuli od predaja, a vyplatí zvyšnú sumu tomu, komu to odpredal, aby sa takto stal opäť vlastníkom svojej pôdy.

V skratke, vykupiteľ by mal mať moc odkúpiť predané pozemky. Chudobný človek nemôže splatiť dlh svojho priateľa, aj keď si to želá. Takisto ani Vykupiteľ nesmie mať žiadny hriech, aby mohol všetkých ľudí spasiť z ich hriechov. Nemať žiadny hriech je sila človeka v duchovnej sfére.

Vykupiteľ musí mať silu poraziť nepriateľského diabla a Satana a znovuzískať Adamovu stratenú autoritu. To znamená, že Vykupiteľ nesmie mať ani prvotný hriech, ani jeho vlastný hriech. Len Vykupiteľ bez hriechu môže poraziť diabla a oslobodiť všetkých ľudí od diabla.

Bol Ježiš bez hriechu?

Ježiš nemal dedičný hriech, lebo Bol počatý z Ducha Svätého. Úplne poslúchal Boží zákon, pretože vyrastal pod dohľadom rodičov, ktorí sa báli Boha. Zákon plnil s láskou. Ôsmy deň po narodení bol obrezaný (Lk 2, 21). Nikdy nespáchal hriech a plnil iba vôľu Boha Otca, až kým nebol ukrižovaný vo veku 33 rokov

(1 Pt 2, 22-24; Hebr 7, 26).

Ježiš mohol poraziť diabla a mohol vykúpiť všetkých ľudí, lebo bol bez hriechu. Jeho „bezhriešnosť" bola dokázaná prostredníctvom mnohých skutkov Jeho moci. Vyháňal démonov, slepí videli, hluchí počuli, chromí chodili a uzdravil akékoľvek neliečiteľné choroby. Silná búrka utíchla a prudký vietor prestal, keď pohrozil vetru a povedal vode: „Mlč, utíš sa!" (Mk 4, 39)

Nakoniec, musí mať obetavú lásku

Dokonca ani bohatý človek by pozemok neodkúpil, ak by nemal lásku k mužovi, ktorý pôdu predal. Takisto musí mať Vykupiteľ lásku k hriešnikom do takej miery, že obetuje Sám Seba, aby raz a navždy vyriešil problémy hriechov.

V Rút 4, 1-6 Bóz si bol dobre vedomý Naominej chudoby a povedal jej najbližšiemu príbuznému – vykupiteľovi, aby kúpil jej pozemky späť, ak chce. Ale muž odmietol a Bózovi povedal: „*Tak ho nemôžem odkúpiť, lebo by som si zničil svoj dedičný podiel. Odkúp si ty, čo som mal ja odkúpiť, lebo ja ho kúpiť nemôžem"* (Rút 4, 6). Nevykúpil pozemky pre Naomi a Rút, aj keď bol dosť bohatý na to, aby tak urobil. To bolo preto, lebo nemal obetavú lásku. Nakoniec Bóz, ďalší najbližší príbuzný - vykupiteľ, odkúpil pozemky, pretože mal obetavú lásku.

Bóz sa stal právoplatným vykupiteľom a oženil sa s Rút, pretože mal dostatok lásky, aby vykúpil pozemok pre Naomi. Syn, ktoré Bóz a Rút splodili, bol praotcom kráľa Dávida a bol zaznamenaný v Ježišovom rode.

Ježiš bol ukrižovaný z lásky. Ježiš bol Slovo, ale stal sa telom a prišiel na túto zem. Nebol potomkom Adama, pretože bol počatý z Ducha Svätého. Takže bol narodený bez prvotného hriechu. Mal moc vykúpiť všetkých ľudí z hriechov, pretože Sám bol bez hriechu.

Avšak, nemohol byť Vykupiteľom bez duchovnej a obetavej lásky, aj keď spĺňal ďalšie tri podmienky. Musel na seba zobrať trest za hriechy, na ktorý boli odsúdení hriešnici, aby mohol všetkých ľudí vykúpiť z hriechov.

Muselo byť s Ním zaobchádzané ako s najzávažnejším a najnebezpečným zločincom a bol zavesený na robustný drevený kríž. Musel byť urážaný a zosmiešňovaný a vyliať z tela všetku krv a vodu preto, aby zachránil všetkých ľudí. Musel zaplatiť vysokú cenu a priniesť veľkú obeť.

Nikde v dejinách ľudstva nenájdete prípad, kedy bezúhonný princ zomrel za svojich zlých a hlúpych ľudí. Ježiš je jediný Syn všemohúceho Boha, Kráľ kráľov, Pán pánov a Pán všetkého stvorenia. Taký významný, vznešený a nevinný Ježiš visel na kríži a zomrel prelievaním Jeho krvi. Akou nesmiernou láskou nás miloval?

Ježiš v skutočnosti po celý život robil len dobré skutky. Odpúšťal hriešnikom, uzdravoval všetky druhy chorých ľudí, olobodil mnoho ľudí od démonov, priniesol dobrú správu o pokoji, radosti a láske a dal ľuďom úprimnú nádej na nebo a spasenie. Predovšetkým však dal za hriešnikov Svoj vlastný život.

Rim 5, 7-8 hovorí: „*Sotvakto zomrie za spravodlivého; hoci za dobrého by sa azda niekto odhodlal umrieť. Ale Boh dokazuje svoju lásku k nám tým, že Kristus zomrel za nás, keď sme boli ešte hriešnici.* " Boh Otec poslal svojho jediného Syna Ježiša za nás, ktorí nie sme ani spravodlivými, ani dobrými a dovolil, aby bol zavesený na kríž a zomrel na ňom. Týmto spôsobom ukázal Jeho obrovskú lásku.

Preto sa modlím v mene Pánovom, aby ste pochopili, že nemôžete byť zachránení žiadnym iným meno okrem Ježiš Kristus, získajte právo stať sa Božím dieťaťom prijatím Ježiša Krista a naveky sa radujte z víťazného života v záruke spasenia!

Kapitola 5

PREČO JE JEŽIŠ NAŠÍM JEDINÝM SPASITEĽOM?

- Prozreteľnosť spásy skrze
  Ježiša Krista
- Prečo Ježiš visel na drevenom kríži?
- Žiadne iné meno na svete okrem
  „Ježiš Kristus"

„*On je kameň, ktorý ste vy, stavitelia, zavrhli, a on sa stal kameňom uholným. A v nikom inom niet spásy, lebo niet pod nebom iného mena, daného ľuďom, v ktorom by sme mali byť spasení.*"

Sk 4, 11-12

Keď si uvedomíte hlbokú a starostlivú Božiu prozreteľnosť zdokonaľovania človeka, budete Boha milovať celým svojím srdcom. Taktiež, keď si uvedomíte prozreteľnosť spasenia skrze Ježiša Krista, musíte obdivovať Jeho lásku a múdrosť.

Tak potom, ako bola prozreteľnosť spasenia, ktorá bola ukrytá pred začiatkom vekov, dosiahnutá skrze Ježiša Krista? Predtým som vám už povedal, že Boh spravodlivosti pripravil niekoho, kto je kvalifikovaný na vykúpenie všetkých ľudí v súlade s duchovným zákonom, a že pod nebom neexistuje nikto iný okrem Ježiša, kto by zodpovedal tejto kvalifikácii.

Ježiš je jediný, ktorý bol človekom, ale nebol potomkom Adama, pretože bol počatý z Ducha Svätého a na zem prišiel v ľudskom tele. Navyše, On mal silu a lásku, aby vykúpil všetkých ľudí. A tak On mohol svojím ukrižovaním otvoriť cestu spásy všetkým ľuďom.

Preto je v Sk 4, 12 napísané: *„A v nikom inom niet spásy, lebo niet pod nebom iného mena, daného ľuďom, v ktorom by sme mali byť spasení.“* Komukoľvek, kto prijíma a verí v Ježiša Krista, sú odpustené všetky hriechy a je zachránený. Ten vyjde z tmy na svetlo a získa moc a požehnanie Božieho dieťaťa.

Teraz vysvetlím, prečo musíte veriť v Ježiša, ktorý bol

ukrižovaný, aby ste vy boli spasení a získali moc a požehnanie Božieho dieťaťa.

Prozreteľnosť spásy skrze Ježiša Krista

Boh pripravil cestu spasenia ešte pred začiatkom vekov. Kniha Genezis prorokovala o Ježišovi a o tajomstve ľudskej spásy prostredníctvom kríža.

Gn 3, 14-15 hovorí:

> *Tu povedal Pán, Boh, hadovi: „Preto, že si to urobil, prekliaty budeš medzi všetkým dobytkom a medzi všetkou poľnou zverou! Na bruchu sa budeš plaziť a prach zeme hltať po celý svoj život! Nepriateľstvo ustanovujem medzi tebou a ženou, medzi tvojím potomstvom a jej potomstvom, ono ti rozšliape hlavu a ty mu zraníš pätu.“*

Ako už bolo uvedené skôr, „had" duchovne odkazuje na nepriateľa diabla a „jesť prach" symbolizuje vládu nepriateľa diabla nad ľudstvom, ktoré bolo stvorené z prachu zeme. Tiež, „žena" znamená „Izrael" a „semeno ženy" odkazuje na Ježiša. Fráza „ty [had] mu zraníš pätu" symbolizuje, že Ježiš bol ukrižovaný, a „ono [semeno ženy] ti [hadovi] rozšliape hlavu" znamená, že Ježiš vzkriesením z mŕtvych zlomí tábor nepriateľa diabla a Satana.

Satan nemohol poznať Boží plán

Boh ukryl túto prozreteľnosť spasenia v tajomstve, takže nepriateľ diabol a Satan nemohol poznať a pochopiť Jeho múdrosť.

Nepriateľ diabol a Satan sa snažil zabiť potomstvo ženy, predtým než bol rozdrvený. Myslel si, že by mohol mať navždy moc, ktorá mu bola odovzdaná od Adama, ktorý sa vzoprel Bohu. Avšak nepriateľ diabol a Satan nevedel, kto bol potomkom ženy. A preto sa pokúsil zabiť aj prorokov, ktorí boli Bohom milovaní od čias Starého zákona.

Keď sa narodil Mojžiš, nepriateľ diabol a Satan naviedol faraóna, egyptského kráľa, aby dal zabiť všetkých chlapcov narodených hebrejským ženám (Ex 1, 15-22). Keď bol Ježiš počatý z Ducha Svätého a v ľudskom tele prišiel na zem, nepriateľ diabol a Satan naviedol kráľa Herodesa urobiť to isté.

Boh však už poznal plány nepriateľa Satana. Anjel Pánov sa ukázal Jozefovi vo sne a povedal mu, aby išiel s matkou aj dieťaťom do Egypta. Boh tam dovolil rodine žiť až do smrti kráľa Herodesa.

Boh dovolil Ježišovo ukrižovanie

Ježiš vyrastal pod ochranou Boha a po dovŕšení 30 rokov mu začal slúžiť. Chodil po celej Galilei, učil v synagógach, uzdravoval každý neduh a každú chorobu medzi ľudom, kriesil mŕtvych a kázal evanjelium chudobným (Mt 4, 23 a 11, 5).

Medzitým nepriateľ diabol a Satan plánoval znovu naviesť

veľkňazov, učiteľov zákona a farizejov, aby zabili Ježiša. Avšak ako prostredníctvom Biblie viete, zlý človek sa nemohol Ježiša ani dotknúť, pretože všetky udalosti počas Jeho života prebehli v Božej prozreteľnosti.

Boh dovolil nepriateľovi diablovi a Satanovi ukrižovať Ježiša už po troch rokoch Jeho služby. Výsledkom bolo to, že Ježiš mal korunu z tŕnia a zomrel na kríži trpiac veľkou bolesťou z priklincovaných rúk a nôh.

Ukrižovanie je najkrutejší spôsob smrti. Nepriateľ diabol bol veľmi potešený tým, že zabil Ježiša takýmto ukrutným spôsobom. Satan spieval od radosti z víťazstva, lebo si myslel, že bude vládnuť nad celým svetom, pretože neexistuje nikto, kto by mohol zmariť jeho vládu. Ale bolo tu ukryté tajomstvo Božej prozreteľnosti.

Nepriateľský diabol a Satan porušil duchovný zákon

Boh nepoužíva svoju absolútnu zvrchovanú moc v rozpore so zákonom, pretože Je spravodlivý. Pred začiatkom vekov pripravil cestu spásy podľa duchovného zákona, pretože On robí všetko podľa duchovného zákona.

Keďže odplatou za hriech je podľa duchovného zákona smrť (Rim 6, 23), nikto nestojí pred smrťou, ak je bez hriechu. Avšak nepriateľ diabol a Satan ukrižoval Ježiša, ktorý bol nevinný a bez poškvrny (1 Pt 2, 22-23). Nepriateľ diabol tým porušil duchovný zákon a bol oklamaný svojim vlastným trikom. Stal sa nástrojom ľudskej spásy, ktorú naplánoval Boh. Potomok ženy rozdrvil jeho hlavu ako bolo prorokované v Genezis.

Spravidla had môže odolávať aj v prípade, že mu pristúpite chvost alebo mu odrežete telo, ale nemôže odolať, ak mu budete pevne držať hlavu. Preto fráza: „Nepriateľstvo ustanovujem medzi tebou a ženou, medzi tvojím potomstvom a jej potomstvom, ono ti rozšliape hlavu a ty mu zraníš pätu" duchovne znamená, že nepriateľ Satan stratí svoju moc a autoritu vďaka Ježišovi Kristovi. To, že had napadne pätu potomstva ženy duchovne znamená, že Satan ukrižuje Ježiša. Toto bolo splnené podľa prorokovania v Gn 3, 15.

Spása skrze Ježišovo ukrižovanie

Cesta spásy, ktorú Boh ukryl ešte pred začiatkom vekov, bola naplnená, keď bol Ježiš na tretí deň Jeho ukrižovania vzkriesený z mŕtvych.

Asi pred 6000 rokmi, Adam musel odovzdať moc, ktorú dostal od Boha, nepriateľovi diablovi, keď svojou neposlušnosťou porušil zákon duchovnej ríše (Lk 4, 6). Avšak, po 4000 rokoch musel byť Satan zničený, pretože porušil duchovný zákon.

A preto, nepriateľ diabol musel oslobodiť tých, ktorí prijali Ježiša za svojho Spasiteľa a veria v Jeho meno a dostali právo stať sa Božími deťmi. Ukrižoval by nepriateľ diabol Ježiša, keby poznal túto Božiu múdrosť? Vôbec nie! V 1 Kor 2, 8 je napísané, že: *„nik z kniežat tohoto veku ju nepoznal. Veď keby ju boli poznali, nikdy by neboli ukrižovali Pána slávy. "*

Tí, ktorí v dnešnej dobe nechápu túto skutočnosť, sa tiež čudujú: „Prečo Všemohúci Boh nezachránil svojho Syna pred smrťou? Prečo ho nechal zomrieť na kríži?" Ak by ste však dôkladne porozumeli prozreteľnosti kríža, vedeli by ste, prečo musel byť Ježiš ukrižovaný a ako sa mohol po triumfálnom víťazstve nad nepriateľom diablom stať Kráľom kráľov a Pánom pánov. A tak, každý, kto verí, že Ježiš je Spasiteľ, ktorý zomrel na kríži a na tretí deň vstal z mŕtvych, aby vykúpil ľudí zo všetkých hriechov, môže byť vyhlásený za spravodlivého a môže byť spasený.

Prečo Ježiš visel na drevenom kríži?

Prečo mal potom Ježiš visieť na drevenom kríži? Prečo to mal byť drevený kríž? Zo všetkých rôznych spôsobov popravy, Ježiš zomrel na drevenom kríži. Podľa Gal 3, 13-14 sú tri duchovné dôvody, prečo Ježiš visel na drevenom kríži.

Po prvé, aby nás vykúpil spod kliatby zákona

Gal 3, 13 hovorí: „*Kristus nás vykúpil spod kliatby zákona tým, že sa za nás stal kliatbou, lebo je napísané: ,Prekliaty je každý, kto visí na dreve.'*" To vysvetľuje, že Ježiš nás vykúpil z prekliatia zákona tým, že visel na drevenom kríži.

Kvôli neposlušnosti prvého človeka Adama boli všetci ľudia prekliati, a tak boli predurčení ísť cestou smrti, ako je uvedené v Rim 6, 23: „*Lebo odplatou za hriech je smrť.*" Avšak Boh dal ľuďom svojho Syna Ježiša a dovolil, aby visel na drevenom kríži preto, aby ich vykúpil z kliatby zákona (Dt 21, 23).

Okrem toho, Ježiš na kríži prelial svoju drahocennú krv. Všimnite si Verše 11 a 14 z Lv 17:

Veď duša živočícha je v krvi a dal som vám ju pred oltár, aby ste ňou zmierovali svoje duše. Krv sprostredkuje zmierenie, lebo v nej je život (v.11).

Lebo život každého stvorenia je v jeho krvi (v.14).

Autor knihy Levitikus píše, že život je krv, pretože každý tvor potrebuje krv, aby mohol žiť a bez nej by zomrel.

Avšak, keď človek zomrie, jeho telo sa vracia späť do prachu a jeho duša pôjde buď do neba, alebo do pekla. Aby ste získali večný život, musia vám byť odpustené všetky hriechy. Ak chcete mať všetky hriechy odpustené, musí byť preliata krv, ako je napísané v Hebr 9, 22: „A podľa zákona sa skoro všetko očisťuje krvou a bez vyliatia krvi niet odpustenia." Z tohto dôvodu museli ľudia v starozákonných dňoch obetovať krv zvierat vždy, keď zhrešili. Avšak Ježiš prelial svoju drahocennú krv raz a navždy, aby bolo ľuďom odpustené a získali večný život, pretože On sám nemal ani prvotný hriech, ani žiaden hriech nespáchal.

A podobne, vďaka drahocennej krvi Ježiša môžete získať večný život. To znamená, že Ježiš zomrel namiesto vás a otvoril vám cestu stať sa Božími deťmi.

Po druhé, aby prešlo Abrahámovo požehnanie

Prvá polovica Gal 3, 14 hovorí: „*Aby v Kristovi Ježišovi*

prešlo Abrahámovo požehnanie na pohanov. " To znamená, že Boh dáva požehnanie dané Abrahámovi nielen Izraelitom, ale aj všetkým pohanom, ktorí sú vyhlásení za spravodlivých tým, že prijímajú Ježiša za svojho Spasiteľa.

Abrahám bol nazývaný „otcom viery" a „priateľom Božím," a bol požehnaný deťmi, zdravím, dlhým životom, bohatstvom, a tak ďalej. Dôvod, prečo bol Abrahám bohato požehnaný, je napísaný v Gn 22, 15-18:

> *Pánov anjel však aj druhý raz volal na Abraháma z neba: „Na seba samého prisahám to je Pánov výrok -: Pretože si toto urobil a svojho syna, svojho jediného si neušetril predo mnou, zahrniem ťa požehnaním a prenáramne rozmnožím tvoje potomstvo. Bude ho ako hviezd na nebi a ako piesku na morskom brehu. Tvoje potomstvo sa zmocní brán svojich nepriateľov a v tvojom potomstve budú požehnané všetky národy zeme preto, že si poslúchol môj hlas. "*

Abrahám poslúchol, keď mu Boh povedal: *„Odíď zo svojej krajiny, od svojho príbuzenstva a zo svojho otcovského domu do krajiny, ktorú ti ukážem. "* (Gn 12, 1). Tiež poslúchol bez výhovoriek alebo sťažností, keď mu Boh povedal: *„ Vezmi svojho syna, svojho jediného syna Izáka, ktorého miluješ, a choď do krajiny ,Morja'! Tam ho obetuj ako zápalnú obetu na jednom z vrchov, ktorý ti ukážem. "* (Gn 22, 2). Abrahám to bol schopný urobiť preto, lebo veril Bohu, ktorý mohol oživiť mŕtvych (Hebr 11, 19). Mohol byť požehnaním a otcom viery, lebo mal pevnú vieru.

A preto by Božie deti, ktoré prijali Ježiša za svojho Spasiteľa, mali mať Abrahámovu vieru. Potom budete môcť oslavovať Boha tým, že dostanete všetky požehnania na zemi.

Po tretie, dostať prísľúbeného Ducha

Druhá polovica Gal 3, 14 hovorí: *„aby sme skrze vieru dostali prisľúbeného Ducha. "* To znamená, že každý, kto verí, že Ježiš zomrel na drevenom kríži za všetkých ľudí, je prepustený z kliatby zákona a dostáva prisľúbenie Ducha Svätého. Okrem toho, každý, kto prijíma Ježiša ako Spasiteľa, prijíma moc Božieho dieťaťa a Ducha Svätého ako dar a poistenie (Jn 1, 12; Rim 8, 16).

Keď dostanete Ducha Svätého, môžete Boha volať „Abba, Otče" (Rim 8, 15), vaše meno je napísané v knihe života v nebi (Lk 10, 20) a máte vlasť v nebi (Flp 3, 20). To preto, že vás Duch Svätý, ktorý je srdcom a silou Boha, vedie k večnému životu tým, že vám pomáha porozumieť Božiemu Slovu a žiť s vierou podľa Jeho Slova.

Avšak budete spasený, keď nielen Ježiša uznáte za svojho Spasiteľa, ale vo svojom srdci budete veriť, že On zničil moc smrti a vstal z mŕtvych. Rim 10, 9 hovorí: *„Lebo ak svojimi ústami vyznávaš: ‚Ježiš je Pán!' a vo svojom srdci uveríš, že Boh ho vzkriesil z mŕtvych, budeš spasený. "*

Pred začiatkom vekov Boh predurčil veľký plán, aby sa tí, ktorí veria, že Ježiš je Spasiteľ, spojili s Bohom a boli vedení ku spáse. Tento plán je úžasný a tajomný. Ľudské bytosti museli ísť cestou smrti kvôli prvému ľudskému hriechu podľa duchovného zákona, ktorý tvrdí, že „odplatou za hriech je smrť." Ale mohli byť oslobodení od kliatby zákona a zachránení vo viere podľa toho istého zákona, vďaka Satanovmu porušenie duchovného zákona.

Ľudské bytosti museli trpieť bolesťou, starosťami a smrťou, ktoré priniesol nepriateľ diabol, keď sa kvôli neposlušnosti stali otrokmi hriechov. Avšak ktokoľvek, kto príjme Ježiša za Spasiteľa a dostane Ducha Svätého, môže získať spasenie, večný život, vzkriesenie a nekonečné požehnania.

Výhody a požehnania dané Božím deťom

Tomu, kto otvorí svoje srdce a prijíma Ježiša Krista je odpustené, získa právo stať sa Božím dieťaťom a vo svojom srdci bude mať pokoj a radosť. Toto je možné preto, lebo Ježiš raz a navždy vzal všetky naše hriechy tým, že bol ukrižovaný. Tak je to napísané v Ž 103, 12: „*Ako je vzdialený východ od západu, tak vzdaľuje od nás našu neprávosť.*" V Hebr 10, 16-18 hovorí, že: „*Toto je zmluva, ktorú s nimi uzavriem po tých dňoch, hovorí Pán: svoje zákony vložím do ich sŕdc a vpíšem im ich do mysle; a na ich hriechy a neprávosti si už viac nespomeniem. A kde sú ony odpustené, tam už niet obety za hriech.*"

Na svete neexistuje nič, čo by si zaslúžilo byť prirovnané k právu Božích detí, ktoré je dané vierou. Na tomto svete je právo detí kráľa alebo prezidenta veľmi silné. Aké veľké je teda právo detí Boha Stvoriteľa, ktorý vládne svetu a určuje ľudské dejiny a vesmír?

Boh nepokladá za pravú vieru to, keď iba tvrdíte, že „Ježiš je Spasiteľ." Mali by ste vedieť, kto je Ježiš Kristus, prečo je On vašim jediným Spasiteľom, a mať pravú vieru na základe týchto znalostí. Potom si touto pravou vierou môžete uvedomiť Božiu prozreteľnosť ukrytú na kríži a priznať, že „Pán je Kristus a Syn živého Boha." Okrem toho môžete žiť podľa Božej vôle. Bez tejto pravej viery je pre vás veľmi ťažké mať vieru, ktorá pramení zo srdca a žiť podľa Božieho Slova. Preto, ako nám v Mt 7, 21 Ježiš povedal: „*Nie každý, kto mi hovorí: ,Pane, Pane,' vojde do nebeského kráľovstva, ale iba ten, kto plní vôľu môjho Otca, ktorý je na nebesiach.*" Ježiš jasne prehlásil, že len ľudia, ktorí Ježišovi hovoria „Pane, Pane" a žijú podľa Božej vôle a Božieho Slova, budú spasení.

Žiadne iné meno na svete okrem „Ježiš Kristus"

Sk 4 zobrazujú scénu, v ktorej Peter a Ján pred veľradou Sanhedrin odvážne svedčia o mene Ježiš Kristus. Úprimne verili, že neexistuje žiadne iné meno okrem "Ježiš Kristus", skrze ktorého človek mohol dosiahnuť spásu. Peter, ktorý bol naplnený Duchom Svätým, bol oprávnený vyhlásiť: „*A v nikom inom niet spásy, lebo niet pod nebom iného mena, daného ľuďom, v ktorom by sme mali byť spasení.*" (Sk 4, 12).

Aké duchovné dôsledky sú v mene „Ježiš Kristus?" A prečo nám Boh nedal žiadne iné meno okrem Ježiš Kristus, ktorým musíme byť spasení?

Rozdiel medzi „Ježiš" a „Ježiš Kristus"

Sk 16, 31 nám hovoria: *„Ver v Pána Ježiša a budeš spasený ty aj tvoj dom."* Existuje pádny dôvod, prečo je tam napísané „Pán Ježiš" a nie len „Ježiš."

„Ježiš" tu odkazuje na človeka, ktorý vyslobodí svoj ľud z hriechov. „Kristus" je grécke slovo, ktoré v hebrejčine znamená „Mesiáš." Je to „ten, kto je pomazaný" (Sk 4, 27) a odkazuje na Spasiteľa, ktorý je Prostredníkom medzi Bohom a ľuďmi. To znamená, že „Ježiš" je meno budúceho Spasiteľa, ale „Kristus" je meno Spasiteľa, ktorý už zachránil ľudí.

Počas starozákonných dní Boh pomazal toho, kto sa mal stať kráľom, kňazom alebo prorokom, liatím oleja na jeho hlavu (Lv 4, 3; 1 Sam 10, 1; 1 Kr 19, 16). Olej je symbolom Ducha Svätého. Teda, pomazať niekoho znamená, dať Ducha Svätého tomu, koho si Boh vyvolil.

Ježiš bol pomazaný stať sa Kráľom, hlavným Kňazom a Prorokom a na tento svet prišiel v ľudskom tele, aby zachránil všetky ľudské bytosti podľa Božej prozreteľnosti, ktorá bola určená pred začiatkom vekov. Bol ukrižovaný, aby nás vykúpil a vzkriesením na tretí deň sa stal naším Spasiteľom. A teda On je Spasiteľ, ktorý vyplnil Božiu prozreteľnosť spasenia. To znamená, že On je Kristus.

Ježiša pred ukrižovaním nazývame len „Ježiš." Avšak po ukrižovaní a vzkriesení, Ho musíme nazývať „Ježiš Kristus," „Pán Ježiš" alebo „Pán."

Mali by ste vedieť, že existuje veľký rozdiel v moci medzi „Ježiš" a „Ježiš Kristus." Ježiš je meno, ktorým bol volaný predtým, než vyplnil prozreteľnosť spasenia a nepriateľ diabol sa tohto mena veľmi nebojí. Meno „Ježiš Kristus" však zahŕňa nasledujúce tri: krv, ktorá nás vykúpila z našich hriechov; vzkriesenie, ktoré zničilo silu smrti; a život, ktorý je večný. Pred týmto menom sa však nepriateľ diabol trasie v strachu.

Mnoho ľudí tento fakt zanedbáva, pretože nechápu tento rozdiel. Je však pravda, že Božie dielo a odpoveď budú iné podľa toho, v ktorom mene voláte (Sk 3, 6).

Keď sa modlíte k Bohu v mene nášho Pána Ježiša Krista a túto skutočnosť máte na pamäti, budete viesť víťazný život plný rýchlych a hojných odpovedí od všemohúceho Boha.

Ježišova úplná poslušnosť

Hoci bol Ježiš vo svojej podstate Boh, rovnosť s Bohom nepovažoval za niečo, čoho by sa mal pridŕžať, ani že by mal prilipnúť k svojim právam ako Boh. On urobil zo seba nikoho, vzal pokorné postavenie sluhu a objavil sa v podobe človeka.

Dobrý sluha nemá svoju vlastnú vôľu. Pracuje podľa vôle svojho pána namiesto svojej vlastnej. Povinnosťou služobníka je počúvať vôľu pána, či je, alebo nie je v súlade s jeho vlastnou vôľou alebo pocitom. Ježiš poslúchal Božiu vôľu so srdcom dobrého sluhu, a tak mohol vyplniť svoje poslanie pre spásu ľudí.

Boh povýšil Ježiša, ktorý poslúchol Božiu vôľu slovami „Áno" a „Amen," na najvyššie miesto a mnohým ľuďom dovolil svedčiť, že On je Pán.

Preto ho Boh nad všetko povýšil a dal mu meno, ktoré

je nad každé iné meno, aby sa na meno Ježiš zohlo
každé koleno v nebi, na zemi i v podsvetí a aby každý
jazyk vyznával: „Ježiš Kristus je Pán!" na slávu Boha
Otca. (Flp 2, 9-11)

Meno „Pán Ježiš" svedčí o Božej moci

Jn 1, 3 hovorí: *„ Všetko povstalo skrze neho a bez neho*
nepovstalo nič z toho, čo povstalo. " Keďže všetky veci na svete
boli stvorené skrze Ježiša, On má právomoc vládnuť nad všetkým
ako Stvoriteľ. Keď Ježiš, Syn Boha Stvoriteľa, prikázal neživým
veciam, ako sú búrlivý vietor a vlny, poslúchli ho a upokojili sa, a
keď preklial figovník, ten ihneď uschol.

Ježiš mal právomoc odpúšťať hriechy a zachrániť hriešnikov
od trestu za hriechy. V Mt 9, 2 Ježiš povedal ochrnutému:
„ Dúfaj, synu, odpúšťajú sa ti hriechy. " a vo verši 6 povedal:
„Ale aby ste vedeli, že Syn človeka má na zemi moc odpúšťať
hriechy " – povedal ochrnutému: „ Vstaň, vezmi si lôžko a
choď domov! "

Okrem toho, Ježiš mal moc uzdravovať všetky druhy chorôb
a postihnutí a oživiť mŕtvych. Jn 11 opisuje scénu, v ktorej mŕtvy
Lazár vyšiel z hrobu s rukami a nohami zabalenými do pruhov
plátna, keď Ježiš zavolal mocným hlasom: „Lazár, poď von!" Bol
mŕtvy už štyri dni a páchol, ale z hrobu vyšiel ako zdravý človek.

Podobne, Ježiš vám dá čokoľvek, o čo budete prosiť s vierou,
pretože má úžasnú Božiu moc.

Ježiš Kristus, Božia láska

Ako je napísané v 1 Jn 4, 10: *„Láska je v tom, že nie my sme milovali Boha, ale že on miloval nás a poslal svojho Syna ako zmiernu obetu za naše hriechy,"* Boh ukázal Jeho úžasnú lásku k nám. Poslal svojho jediného Syna ako zmiernu obetu, keď sme ešte boli hriešni. Boh musel znášať veľkú bolesť a otvoriť cestu ľudskej spáse, keď bol Jeho Syn Ježiš pribitý na kríži a prelieval krv. Ako sa Boh lásky cítil, keď musel vidieť svojho jediného Syna Ježiša ukrižovaného? Boh sa nemohol pozerať sediac na tróne. Mt 27, 51-54 nám hovorí ako veľmi Boh trpel, keď bol Ježiš ukrižovaný.

A hľa, chrámová opona sa roztrhla vo dvoje odvrchu až dospodku. Zem sa triasla a skaly sa pukali. Otvorili sa hroby a mnohé telá zosnulých svätých vstali z mŕtvych. Vyšli z hrobov a po jeho vzkriesení prišli do svätého mesta a ukázali sa mnohým. Keď stotník a tí, čo s ním strážili Ježiša, videli zemetrasenie a všetko, čo sa deje, veľmi sa naľakali a hovorili: „On bol naozaj Boží Syn."

To jasne ukazuje, že Ježiš bol ukrižovaný, nie pre Jeho vlastné hriechy, ale kvôli veľkej láske Boha, aby viedol všetkých ľudí na cestu spásy. Avšak mnoho ľudí s tým nesúhlasí, a ani neprijíma túto úžasnú lásku Boha.

Pre neposlušnosť Adama, ľudské bytosti nemohli byť s Bohom a stali sa ľuďmi s hriešnou prirodzenosťou. Ježiš však prišiel na zem a stal sa Prostredníkom medzi Bohom a nami, aby mohol všetkých ľudí požehnať Emanuelom (Mt 1, 23). Skrze Ježišovu bolesť a utrpenie na kríži sme získali skutočný pokoj a odpočinok.

Preto dúfam, že pochopíte veľkú lásku Boha, ktorý nám dal svojho jediného Syna ako výkupné, aby nás vykúpil z hriechu a večnej smrti, a obetavú lásku k Pánovi, ktorý, aj keď bol nevinný, bol za nás ukrižovaný a otvoril nám cestu k spáse.

Kapitola 6

VÝZNAM KRÍŽA

- Narodený v maštali a uložený v jasliach
- Ježišov život v chudobe
- Bičovaný a krv prelievajúci
- Tŕním korunovaný
- Ježišove šaty a spodný odev
- Jeho ruky a nohy pribité klincami
- Ježišove nohy neboli polámané,
  ale Jeho bok bol prebodnutý

„*Vskutku on niesol naše choroby a našimi bôľmi sa on obťažil, no my sme ho pokladali za zbitého, strestaného Bohom a pokoreného. On však bol prebodnutý pre naše hriechy, strýznený pre naše neprávosti, na ňom je trest pre naše blaho a jeho ranami sme uzdravení. Všetci sme blúdili ako ovce, išli sme každý vlastnou cestou; a Pán na neho uvalil neprávosť nás všetkých.*"

Iz 53, 4-6

Najdôležitejšou časťou na získanie skutočných detí v Božom pláne je to, že Ježiš prišiel na tento svet v ľudskom tele, bol sužovaný utrpením všetkého druhu a zomrel na kríži. Cez to všetko dovŕšil cestu spásy pre ľudí.

Božia prozreteľnosť kríža má hlboký duchovný význam. Ježiš, jediný Syn Boha, zanechal nebeskú slávu, narodil sa v maštali a počas života žil v chudobe .

Okrem toho, bol bičovaný a pribitý cez Jeho ruky a nohy, na hlave mal tŕňovú korunu a vylial krv a vodu, keď mal kopijou prebodnutý bok. Každé utrpenie Ježiša obsahuje ohromujúcu lásku Boha.

Keď plne pochopíte duchovný význam kríža a Ježišovo utrpenie, vaše srdce sa určite pohne Božou láskou a budete mať pravú vieru. Môžete tiež získať odpovede na všetky problémy vo vašom živote, akými sú chudoba a choroby, rovnako ako aj večné nebeské kráľovstvo.

Narodený v maštali a uložený v jasliach

Ježiš, ktorý je vo svojej podstate Boh, bol Pánom všetkých vecí na nebi i na zemi a je najslávnejším stvorením. Napriek tomu, prišiel na svet v ľudskom tele, aby ľudí vykúpil z hriechu a viedol ich ku spáse.

Ježiš je jediný Syn všemohúceho Boha Stvoriteľa. Prečo sa teda nenarodil na luxusnom mieste alebo aspoň v útulnej miestnosti? Nemohol Boh zariadiť, aby sa narodil na nádhernom mieste? Prečo sa musel Ježiš narodil v maštali a byť uložený do jaslí?

Je v tom hlboký duchovný význam. Mali by ste vedieť, že Ježiš sa narodil duchovne najslávnejším spôsobom. Aj keď to ľudia fyzickými očami nemohli vidieť, Boh sa tak radoval z narodenia Ježiša, že malého Ježiška obkolesil svetlami slávy v prítomnosti veľkého množstva nebeských zástupov a anjelov. Môžete tušiť Jeho vzrušenie z Lk 2, 14, ktorý zaznamenáva nasledovné: *„Sláva Bohu na výsostiach a na zemi pokoj ľuďom dobrej vôle.“* Boh tiež pripravil dobrých pastierov a kráľov z východu a viedol ich pokloniť sa Ježiškovi.

K všetkej chvále a ucteniu došlo preto, lebo Ježiš svojím príchodom na tento svet otvoril dvere ku spáse, veľké množstvo ľudí vstúpi do večného neba ako Božie deti a Boží Syn Ježiš bude Kráľ kráľov a Pán pánov.

Božia prozreteľnosť ukrytá v Ježišovom narodení

Keď sa Ježiš narodil, Cézar Augustus vydal nariadenie o sčítaní ľudu v celej rímskej ríši. Židia boli pod koloniálnou vládou Ríma a na príkaz cisára sa vrátili späť do svojich rodných miest, aby sa zaregistrovali.

Aj Jozef sa vydal na cestu so svojou snúbenicou Máriou z mesta Nazareta v Galilei do Betlehema, mesta Dávidovho, pretože patril k domu a rodu Dávidovmu. Mária bola zasľúbená Jozefovi a predtým, ako ta došli, počala dieťa z Ducha Svätého a počas svojho pobytu tu, porodila prvorodeného Ježiša.

Meno „Betlehem" znamená „dom chleba" a bolo to rodné mesto kráľa Dávida (1 Sam 16, 1). Mich 5, 1 píše o meste Betleheme takto: *„A ty, Betlehem, Efrata primalý si medzi tisícami Júdu; z teba mi vyjde ten, čo má vládnuť v Izraeli a jeho pôvod je odpradávna, odo dní večnosti."* O Betleheme bolo prorokované, že bude miestom narodenia Mesiáša.

V tom čase v žiadnom hostinci nebolo miesto pre Máriu a Jozefa, pretože do Betlehema prišli tisíce ľudí, aby sa zaregistrovali. Preto Mária porodila dieťa v maštali. Zabalila ho do plienok a uložila ho do jasieľ, čo bola dlhá nádoba používaná na kŕmenie kráv a koní.

Potom, prečo sa Ježiš, ktorý prišiel ako záchranca ľudí, narodil takým pokorným a skromným spôsobom?

Vykúpenie ľudí, ktorí nie sú o nič lepší ako zvieratá

Kaz 3, 18 hovorí: *„Povedal som vo svojom srdci: Deje sa to pre synov človeka, aby ich Boh súdil, a aby videli, že sú si podobní hovädám."* Ľudia, ktorí stratili obraz Boha, sú v Božích očiach ako zvieratá. Prvý človek Adam bol pôvodne živá bytosť stvorená na Boží obraz. On bol tiež duchovným človekom, pretože Boh ho naučil len Slovo pravdy.

Avšak, Adam jedol ovocie zo stromu poznania dobra a zla proti Božiemu zákazu, a tak jeho duch zomrel a už nemohol komunikovať s Bohom. Navyše už nebol pánom všetkého stvorenia. Satan podnecoval Adama, aby nasledoval hriešnu podstatu a jeho čisté a pravdivé srdce sa zmenilo na nečisté a nepravdivé.

Vo svojom každodennom živote ste možno niekedy počuli výraz „Nie je o nič lepší ako zviera." V médiách často počujete o ľuďoch, ktorí nie sú o nič lepší ako zvieratá. Kvôli vlastným výhodam ľahko klamú a podvádzajú svojich susedov, zákazníkov, priateľov a členov rodiny. Rodičia a deti sa nenávidia a niekedy sa zdá, že sú pripravení zabiť jeden druhého.

Ľudia sa odvažujú robiť takéto zlé skutky, pretože od smrti ducha sa duša stala pánom človeka a oni kvôli hriechom stratili obraz Boha. Rovnako ako zvieratá, ktoré sú len z duše a tela, títo ľudia sa nemôžu dostať do neba, ani nemôžu volať k Bohu Abba Otče. Ježiš sa narodil v maštali, aby vykúpil ľudí, ktorí nie sú o nič lepší než zvieratá.

Ježiš je pravý duchovný pokrm

Ježiš bol uložený do jaslí, do kŕmitka pre kone, aby bol pravým duchovným pokrmom pre ľudí, ktorí nie sú o nič lepší než zvieratá (Jn 6, 51).

Inými slovami, je to Božia prozreteľnosť viesť človeka k úplnej spáse, a to umožnením mu znovu získať stratený obraz Boha a vykonať celú povinnosť človeka. Čo je teda celou povinnosťou človeka? Kaz 12, 13-14 nám poskytuje určitý pohľad:

Suma všetkého toho, čo si počul: Boj sa Boha a ostríhaj jeho prikázania, lebo to je povinnosťou každého

človeka, pretože Boh privedie každý skutok na súd i
každú vec skrytú, už či je dobrá či zlá.

Čo znamená „báť sa Boha?" Prís 8, 13 nám hovorí, že „*Bázeň*
Hospodinova je nenávidieť zlo. " Preto báť sa Boha znamená,
neprijímať už viac zlo, a zároveň odstrániť akékoľvek zlo z vnútra
vášho srdca.

Ak sa naozaj bojíte Boha, mali by ste urobiť všetko až po
preliatie krvi, aby ste odmietli akékoľvek zlo, bojovali proti
hriechu a vyhnali ho. Rovnako ako študenti, ktorí ťažko študujú,
aby si zaistili lepšiu budúcnosť, mali by ste urobiť všetko pre to,
aby ste sa báli Boha a vykonali celú povinnosť človeka, aby ste sa
radovali z Božej lásky a Božieho požehnania.

V Biblii možno nájsť Božie príkazy dané Jeho deťom, ako sú
„toto rob; tamto nerob; toto dodržiavaj a toho sa zbav." Na
jednej strane, Boh nám hovorí, že to, čo Božie deti majú robiť, je
„modliť sa, milovať, ďakovať a mnoho ďalších." Na druhej strane,
Boh nám prikazuje, aby sme nerobili to, čo vedie k smrti, a to je
nenávisť, cudzoložstvo a opilstvo.

Tiež nám hovorí, aby sme poslúchali určité príkazy, ako napr.
„Dodržuj deň odpočinku svätý," „Dodržuj svoje sľuby," a
podobne. Boh nás tiež núti odmietnuť čokoľvek škodlivé,
hovoriac: „Vyvarujte sa každého druhu zla," „Zahoďte
chamtivosť," a tak ďalej.

Celou povinnosťou človeka je báť sa Boha a zachovávať Jeho
príkazy. V súdny deň nás Boh urobí zodpovednými za všetky
naše činy, za každú skrytú vec, či je dobrá, alebo zlá. A tak, ak
budete žiť ako zviera bez vykonávania celej povinnosti človeka, je

prirodzené, že ako dôsledok rozhodnutia Božieho súdu, pôjdete do pekla.

Podobne, Ježiš sa narodil v maštali a bol uložený v jasliach, aby vykúpil ľudí, ktorí nie sú o nič lepší než zvieratá a stal sa pre nich skutočným duchovným pokrmom.

Ježišov život v chudobe

Jn 3, 35 hovorí: *„Otec miluje Syna a dal všetko do jeho ruky.“* V Kol 1, 16 ste čítali: *„Lebo v ňom je stvorené všetko, všetko, čo je v nebesiach i čo je na zemi, viditeľné i neviditeľné, buď tróny buď panstvá buď kniežatstvá buď vrchnosti, to všetko je stvorené skrze neho a pre neho.“* Inými slovami, Ježiš je jediný Syn Boha Stvoriteľa a Pán všetkých vecí na nebi i na zemi.

Prečo teda prišiel na svet veľmi pokorným a skromným spôsobom a žil v chudobe, keď bol vo svojej podstate všemohúci Boh a bol po všetkých stránkach bohatý?

Vykúpenie ľudí z chudoby

2 Kor 8, 9 hovorí: *„Lebo znáte milosť nášho Pána Ježiša Krista, že súc bohatý pre vás bol schudobnel, aby ste vy zbohatli jeho chudobou.“* V tomto sa prejavuje prozreteľnosť úžasnej lásky Boha. Ježiš, hoci bol Kráľ kráľov, Pán pánov, a jediný Syn Boha Stvoriteľa, vzdal sa všetkej nebeskej slávy, prišiel na tento svet, žil v chudobe a znášal ľudské opovrhnutie a

týranie, aby vykúpil ľudí z chudoby.

Na počiatku Boh stvoril človeka, aby zbieral a jedol ovocie bez potu a užíval si prosperujúci život bez ťažkej práce. Avšak po tom, čo prvý človek Adam neposlúchol Božie Slovo a skazil sa, človek môže jesť jedlo len prostredníctvom bolestivej práce v pote z jeho čela. Z tohto dôvodu človek často žije v núdzi a v biede.

Chudoba sama o sebe nie je hriech a Ježiš neprelial svoju krv, aby nás vykúpil z chudoby. Napriek tomu, chudoba je prekliatím z Adamovej neposlušnosti k Bohu, a tak vás Ježiš životom v chudobe urobil bohatými.

Niektorí hovoria, že Ježišova celoživotná chudoba znamená duchovnú chudobu. Avšak, pretože Ježiš bol počatý skrze Ducha Svätého a Je jedno s Bohom Otcom, nie je správne si myslieť, že bol duchovne chudobný.

Mali by ste mať na pamäti skutočnosť, že Ježiš žil v chudobe, aby vás vykúpil z biedy a mohli ste viesť bohatý život s vďačnosťou za lásku a Božiu milosť.

Niektorí hovoria, že nie je správne vyprosovať si peniaze v modlitbe. Iní si myslia, že ak ste kresťanmi, mali by ste žiť v chudobe. To však nie je Božia vôľa.

V Biblii si môžete prečítať veľa Slov požehnania. Napríklad, v Dt 28, 2-6 sa môžete dočítať, že:

A prijdú na teba všetky tieto požehnania a dostihnú ťa, keď budeš počúvať na hlas Hospodina, svojho Boha. Požehnaný budeš v meste, a požehnaný budeš na poli. Požehnaný bude plod tvojho života, plod tvojej zeme i plod tvojho hoväda, mladé tvojho rožného statku i matky tvojho drobného stáda. Požehnaný bude tvoj koš tvoje koryto na cesto. Požehnaný budeš, keď budeš vchádzať a požehnaný budeš, keď budeš vychádzať.

3 Jn 1, 2 nás povzbudzuje: *„Milovaný, prajem ti, žeby si sa mal vo všetkom dobre a že by si bol zdravý, tak ako sa má dobre tvoja duša.“* V skutočnosti, Bohom vyvolení ľudia, ako sú Abrahám, Izák, Jakub, Jozef a Daniel, všetci viedli veľmi prosperujúci život.

Viesť bohatý život

V Jeho spravodlivosti vás Boh nechá žať to, čo zasejete. Ako rodičia chcú dať svojim deťom len dobré veci, váš milujúci Boh vám chce dať čokoľvek, o čo budete s vierou prosiť (Mk 11, 24).

Boh vám chce dať odpovede a požehnanie, ale nemôžete dostať nič, ak neprosíte alebo ak prosíte bez rozlišovania. Preto, ak sa pokúsite žať niečo bez toho, aby ste čokoľvek zasiali, zosmiešňujete Boha a je to proti duchovnému zákonu.

Niektorí môžu povedať: „Chcem siať, ale nemôžem, pretože som veľmi chudobný.“ Avšak v Biblii môžete nájsť veľa ľudí, ktorí boli veľmi chudobní, ale robili, čo mohli, aby siali, a za odmenu boli bohato požehnaní.

V 1 Kr 17 sa dozvedáme, že v krajine bol tri a pol roka hlad. Kým tam ešte bol hlad, vdova v Sarepte v Sidone upiekla z hrsti múky v nádobe a trošky oleja v džbáne, ktoré boli všetko, čo mala, malý kúsok chleba pre proroka Eliáša. Boh bol s jej službou jeho služobníkovi taký spokojný, že ju požehnal hojnosťou: *„Múky z hrnca neubudne a z krčaha nebude chýbať olej až do dňa, keď Pán dá na zem dážď.“* (1 Kr 17, 14).

Pri jednej príležitosti počas Ježišovej doby vhodila chudobná vdova do chrámovej pokladnice dve veľmi drobné mince v hodnote kvadransu. A predsa ju Ježiš pochválil s tým, že chudobná vdova vhodila viac ako všetci ostatní. To bolo preto, lebo ona dala zo svojej chudoby všetko, čo mala, celé svoje živobytie, zatiaľ čo iní dali z toho, čo im zvýšilo (Mk 12, 42-44).

Najdôležitejšie je presvedčiť vašu myseľ dať Bohu všetko. Boh nevidí množstvo vašej ponuky, ale cíti príjemnú vôňu lásky a viery obsiahnutú v ponuke a hojne vám požehná.

Bičovaný a krv prelievajúci

Pred ukrižovaním sa rímski vojaci Ježišovi posmievali a arogantne ho bili po tvári, pľuli na neho, a tak ďalej. Tiež Ježiša bičovali bičom, čo bol dlhý kožený opasok s visiacimi zahnutým kusmi olova.

V tej dobe boli rímski vojaci najrobustnejšiou, dobre disciplinovanou a najsilnejšiou armádou na svete. Aká prudká bolesť to musela byť, keď ho vyzliekli a bičovali? Keď Jeho telo bičovali bičom, kusy mäsa boli trhané z Jeho tela, Jeho kosti boli odhalené a krv vytryskla von.

Pre naplnenie Izaiášovho proroctva: *„Svoj chrbát som nastavil tým, čo bili, a svoje líca tým, čo trhali, tvár som si neskryl pred potupou a slinou.“* (Iz 50, 6), Ježiš sa nikdy nepokúsil bičovaniu vyhnúť.

Vyliečenie chorôb a zloby

Prečo bol teda Ježiš bičovaný bičom a prečo prelial svoju krv? Prečo Boh dopustil, aby sa tak stalo s Jeho Synom? Iz 53 vysvetľuje účel Ježišovho utrpenia a súženia.

On však bol prebodnutý pre naše hriechy, strýznený pre naše neprávosti, na ňom je trest pre naše blaho a jeho ranami sme uzdravení. Všetci sme blúdili ako ovce, išli sme každý vlastnou cestou; a Pán na neho uvalil neprávosť nás všetkých. (Iz 53, 5-6)

Ježiš bol prebodnutý a zlomený pre vaše hriechy a neprávosti. Bol potrestaný, bičovaný a krvácal, aby vám priniesol pokoj a oslobodil vás od všetkých chorôb.

V Mt 9, keď Ježiš uzdravil ochrnutého, ktorý ležal na lôžku, najprv vyriešil jeho problém hriechu, hovoriac: *„Odpúšťajú sa ti hriechy."* (v. 2). Až potom mu Ježiš povedal: *„Vstaň, vezmi si lôžko a choď domov!"* (v. 6).

V Jn 5 po tom, čo Ježiš uzdravil človeka, ktorý bol chorý už tridsaťosem rokov, povedal mu: *„Hľa, ozdravel si, už nehreš, aby ťa nepostihlo niečo horšie."* (Jn 5, 14).

Biblia hovorí, že choroby na vás prídu kvôli vášmu hriechu. Takže, aby ste boli zdraví, potrebujete niekoho, kto dokáže vyriešiť váš problém hriechov. Ale bez preliatia krvi nemôže byť odpustenie (Lv 17, 11).

To je dôvod, prečo ak niekto v starozákonnej dobe spáchal hriech, kňaz zabil zviera ako zmiernu obetu. Ale vy už viac nepotrebujete zabíjať zvieratá ako obetný dar, pretože Ježiš prišiel na tento svet v ľudskom tele a prelial svoju dokonalú, nepoškvrnenú a mocnú krv. Svätá krv Ježiša odčinila hriechy všetkých ľudí v minulosti, v prítomnosti, či dokonca v budúcnosti.

Vziať naše slabosti a choroby

Mt 8, 17 hovorí: „*aby sa splnilo, čo povedal prorok Izaiáš: ,On vzal na seba naše slabosti a niesol naše choroby.'*" Takže, ak viete, prečo bol Ježiš bičovaný a prelial svoju krv a veríte v to, nemusíte trpieť slabosťami ani chorobami.

1 Pt 2, 24 hovorí: „*Sám vyniesol naše hriechy na svojom tele na drevo, aby sme zomreli hriechu a žili pre spravodlivosť. Jeho rany vás uzdravili.*" Tento minulý čas je v tomto verši použitý preto, lebo Ježiš už vykúpil všetky hriechy ľudí.

Bez ohľadu na tvrdenie o viere v skutočnosť, že Ježiš odstránil naše slabosti a choroby svojim bičovaním a krvácaním, prečo niektorí z nás ešte stále trpia chorobami?

Boh v knihe Ex 15, 26 hovorí: „*Ak budeš počúvať hlas Pána, svojho Boha, a budeš robiť to, čo je v jeho očiach správne, a poslúchneš všetky jeho rozkazy a zachováš všetky jeho ustanovenia, potom ťa nezastihnem takými biedami, akými som postihol Egypťanov, lebo ja, Pán, som tvoj lekár.*" To znamená, že ak robíte to, čo je v Pánových očiach správne, žiadna choroba vás nebude trápi, pretože Boh s očami ako plamene ohňa vás pred nimi ochráni.

Zoberme si príklad. Keď dieťa príde domov s plačom po tom, čo ho zbilo susedovo dieťa, reakcie a postoj rodičov k tejto udalosti budú veľmi odlišné v závislosti od ich viery.

Niektorí rodičia môžu svoje dieťa poučiť takto: „Prečo ťa vždy zbijú? Ak ťa zbijú raz, mal by si im to dvojnásobne alebo trojnásobne vrátiť." Iný rodič môže navštíviť rodičov dieťaťa, ktoré zbilo jeho dieťa a bude sa im sťažovať. Nejaký ďalší rodič nebude reagovať žiadnym z týchto spôsobov, ale v srdci môže byť veľmi mrzutý a rozhorčený.

Avšak Boh vám hovorí prekonať zlo dobrom, milovať i svojich nepriateľov a usilovať sa o mier s každým, hovoriac: *„No ja vám hovorím: Neodporujte zlému. Ak ťa niekto udrie po pravom líci, nadstav mu aj druhé."* (Mt 5, 39).

Preto, ak robíte to, čo je správne v Jeho očiach, nie je pre vás ťažké dodržiavať Božie prikázania a nariadenia. Keď sa budete naďalej modliť a robiť to najlepšie, zostúpi na vás Božia milosť a moc a s pomocou Ducha Svätého dokážete všetko ľahko.

Ak sa vzdáte hriechov a budete robiť to, čo je v Božích očiach správne, choroby sa vás nedotknú. Aj v prípade, že ochoriete, Boh Liečiteľ vám odpustí hriechy a vylieči vás úplne, keď sa pokúsite zistiť, čo je v Božích očiach nesprávne a oľutujete to celým svojím srdcom.

Aj keď svojimi perami vyznávate, že Boh je všemohúci, ak sa spoliehate na svet alebo idete do nemocnice, keď čelíte problému alebo chorobe, Boh nie je s vami spokojný, pretože to dokazuje, že neveríte vo všemohúceho Boha skutočne (2 Krn 16).

Tŕním korunovaný

Koruna je vlastne pre kráľa s kráľovským rúchom. Hoci Ježiš bol jediný Syn Boží, Kráľ kráľov a Pán pánov, namiesto krásnej koruny zo zlata, striebra a drahokamov, mal korunu z dlhých a tvrdých tŕňov.

Vladárovi vojaci vzali Ježiša do vládnej budovy a zhromaždili k nemu celú kohortu. Vyzliekli ho a odeli do šarlátového spodného odeva, z tŕnia uplietli korunu a položili mu ju na hlavu, do pravej ruky mu dali trstinu, padali pred ním na kolená a posmievali sa mu: „Buď pozdravený, židovský kráľ!" Pľuli naňho, brali mu trstinu a bili ho po hlave. (Mt 27, 27-30)

Rímski vojaci skrútili tŕne dokopy, aby vytvorili korunu príliš malú pre Ježiša, a vtlačili mu ju pevne na hlavu. Takže tŕne prerazili Jeho hlavu a čelo, a po tvári mu stekala krv. Prečo všemohúci Boh dovolil, aby mal Jeho jediný Syn na hlave tŕňovú korunu, trpel trestajúcou bolesťou a prelial svoju krv?

Po prvé, Ježiš mal na hlave tŕňovú korunu preto, aby nás vykúpil z hriechov, ktoré páchame myšlienkami.

Keď bol človek stvorený Bohom, komunikoval s ním a plnil Jeho Slovo, nespáchal hriech, pretože vždy konal v súlade s Božou vôľou a poslúchal Ho.

Avšak, keď bol pokúšaný hadom a prijal myšlienku danú Satanom, čoskoro spáchal hriech. Nikdy predtým mu nenapadlo jesť ovocie zo stromu poznania dobra a zla. Po pokúšaní ho však jedol, pretože vyzeralo, že je dobré k jedlu a príjemné na pohľad, a tiež bolo potrebné pre získanie múdrosti.

Podobne, Satan, ktorý zviedol prvých ľudí Adama a Evu k neposlušnosti k Bohu, pracuje teraz na tom, aby vás zviedol k spáchaniu hriechov myšlienkami.

V ľudskom mozgu existujú bunky zodpovedné za pamäť. Od narodenia všetko, čo ste videli, počuli a naučili sa, je uložené v pamäťových bunkách spolu s vašimi vlastnými pocitmi na konkrétnu udalosť, osoby, či informácie. Hovoríme tomu „vedomosti." To, čo nazývame „myšlienka," je proces reprodukcie týchto uložených vedomostí prostredníctvom práce vašej duše.

Ľudia vyrastajú v rôznych prostrediach. To, čo videli, počuli, a naučili sa, je rozdielne pre každého z nich a to, čo bolo uložené v mozgu sa tiež líši. Dokonca aj keď to, čo videli, počuli a naučili sa, je rovnaké, každý z nich mal svoje vlastné pocity v tej dobe, a tak je nevyhnutné, že ľudia majú rôzne hodnoty.

Božie Slovo často nie je v súlade s našimi vlastnými poznatkami a teóriou. Napríklad, možno si myslíte, že keď chcete byť vysoko postavení, mali by ste urobiť všetky možné kroky k víťazstvu nad ostatnými. Avšak Boh vás učí, že každý, kto sa ponižuje, bude povýšený (Mt 23, 12).

Väčšina ľudí si myslí, že je veľmi prirodzené nenávidieť svojho nepriateľa, ale Boh vám hovorí, „Milujte svojich nepriateľov" a „Keď je tvoj nepriateľ hladný, nakŕm ho; keď je smädný, napoj ho."

Božie myšlienky sú duchovné, ale ľudské myšlienky sú telesné. Satan vám dáva telesné myšlienky tak, že vás nabáda vyhnúť sa Bohu, vyrušuje vás v získavaní pravej viery a ženie vás na cestu svetských spôsobov, ktorá napokon vedie k hriechu a k večnej smrti.

V Mt 16, 21 a nasledujúcich veršoch, Ježiš vysvetlil svojim učeníkom, že bude mnoho trpieť, a že zomrie na kríži a na tretí deň bude vzkriesený k životu. Keď to Peter počul, vzal Ježiša nabok a začal mu dohovárať slovami: *„Nech ti je milostivý Boh, Pane! To sa ti nesmie stať!"* (v. 22). Ježiš sa však obrátil a Petrovi povedal: *„Choď mi z cesty, satan! Na pohoršenie si mi, lebo nemáš zmysel pre Božie veci, len pre ľudské!"* (v. 23). Keď Ježiš nahnevane povedal: „Choď mi z cesty, satan," nemyslel tým, že Peter bol Satan, ale že to bol sám Satan, ktorý pracoval v Petrových myšlienkach, aby zabránil Božiemu dielu.

To bolo preto, že Ježiš musel niesť kríž za záchranu ľudstva v súlade s Božou vôľou, ale Peter sa mu telesnými myšlienkami snažil zabrániť v plnení Božej vôle.

Apoštol Pavol píše v 2 Kor 10, 3-6 takto:

Žijeme, pravda, v tele, ale nebojujeme podľa tela – lebo zbrane nášho boja nie sú telesné, ale majú od Boha silu boriť hradby. Boríme výmysly a každú pýchu, čo sa dvíha proti poznaniu Boha. Pútame každú myseľ, aby bola poslušná Kristovi, a sme pripravení potrestať každú neposlušnosť, kým nebude vaša poslušnosť úplná.

Mali by ste zničiť vlastné argumenty a úvahy, ktoré sú stanovené a často pracujú proti Božiemu kráľovstvu. Vezmite každú myšlienku a urobte ju poslušnou Kristovi, aby ste mohli žiť v súlade s pravdou, a potom sa stanete osobou ducha a viery. Mali by ste sa zbaviť myšlienky, že ak vás niekto napadne, musíte mu to vrátiť dvakrát, aby ste predišli hanbe, pretože táto telesná myšlienka je proti pravde.

Preto by ste sa mali zbaviť všetkých hriechov, ktoré pochádzajú z vašich myšlienok. Na vyriešenie otázky hriechov úplne, zo všetkého najskôr sa musíte zbaviť žiadostí tela, túžby vašich očí a pýchy života. Sú to nepravdivé myšlienky, z ktorých sa teší Satan.

Žiadosti tela, to sú myšlienky vznikajúce v ľudskej mysli, sú túžbami proti Božej vôli. Gal 5, 19-21 uvádza tieto túžby:

A skutky tela sú zjavné: je to smilstvo, nečistota chlipnosť, modloslužba, čary, nepriateľstvá, sváry, žiarlivosť, hnevy, zvady, rozbroje, rozkoly, závisť, opilstvo, hýrenie a im podobné. O tomto vám vopred hovorím, ako som už povedal, že tí, čo robia takéto veci, nedosiahnu Božie kráľovstvo.

Najväčšou túžbou, ktorú vám Boh prikazuje, aby ste opustili, sú žiadosti tela.

Túžba očí znamená, že myseľ sa stáva silne ovplyvnená tým, čo vidí a počuje, a človek začíne prenasledovať tieto túžby, ktoré vznikli v jeho mysli. Keď má nejaký človek rád svet hľadajúci túžbu očí, len tieto túžby sa zdajú byť cenné a s ničím iným nie je spokojný.

Sebavedomá myseľ sa vynára u človeka vtedy, keď človek vlastní potešenie sveta, v snahe uspokojiť chute hriešneho človeka a túžbu jeho očí. Toto sa nazýva pýcha života.

Aby nás vykúpil zo všetkých druhov nemorálnosti, bezprávia a zla, Ježiš mal na hlave korunu z tŕnia a prelial svoju krv. Pretože len bezúhonná a nepoškvrnená Ježišova krv nás mohla vykúpiť z našich hriechov, On nás vykúpil zo všetkých hriechov spáchaných našimi myšlienkami Jeho tŕňovou korunou a krvipreliatím.

Po druhé, Ježiš mal na hlave tŕňovú korunu preto, aby ľudia mohli mať lepšiu korunu v nebi.

Ďalším dôvodom pre Jeho tŕňovú korunu je umožniť vám získať lepšie koruny. Keďže vás vykúpil z chudoby a dal vám bohatstvo tým, že viedol chudobný život, na hlave mal tŕňovú korunu preto, aby ste vy mohli získať lepšiu korunu v nebi.

V nebi je nespočetné množstvo korún, ktoré sú pripravené pre Božie deti. Pre víťazov, v závislosti od ich umiestnenia v atletických udalostiach, existujú rôzne ceny, ako sú zlaté medaily, strieborné medaily alebo bronzové medaily. Podobne, aj v nebi sú rôzne koruny.

K dispozícii je nesmrteľná koruna, ako je napísané v 1 Kor 9, 25: *„A každý, kto preteká, zdržuje sa všetkého; oni preto, aby dosiahli porušiteľný veniec, my však neporušiteľný."* Nezničiteľná koruna je pripravená pre Božie deti, ktoré sa snažia zbaviť sa svojich hriechov. Koruna je pripravená pre tých, ktorí sa zbavili hriechov a žijú v súlade s Božím Slovom a oslavujú ho (1 Pt 5, 4). Koruna slávy je pripravená pre tých, ktorí veľmi milujú Boha, sú mu verní až na smrť, a stali sa svätými tým, že zanechali každý druh zla (Jak 1, 12; Zjv 2, 10).

Koruna spravodlivosti je venovaná tým, ktorí sa podobne ako apoštol Pavol stali svätými zbavením sa všetkých hriechov, a ďalej úplne plnili svoje poslanie v súlade s Božou vôľou (2 Tim 4, 8).

V Zjv 4, 4 je tiež napísané: *„Okolo trónu bolo dvadsaťštyri trónov a na trónoch sedelo dvadsaťštyri starcov odetých do bieleho rúcha a na hlavách mali zlaté vence.“* Zlatá koruna je pripravená pre ľudí, ktorí dosiahnu úroveň staršieho, a ktorí budú pomáhať Bohu v Novom Jeruzaleme.

Tu sa „starší“ nevzťahuje na ľudí, ktorí majú ten titul v kostoloch tohto sveta, ale opisuje ľudí uznaných Bohom za starších, pretože sú svätí a verní v celom Božom dome a majú nemennú zlatú vieru.

Boh svojim deťom dáva rôzne koruny v závislosti od rozsahu, do akého sa zbavili hriechov a splnili Božie poslanie. Božie deti budú veľkými v nebi a dostanú lepšiu korunu v prípade, že nepremýšľajú nad tým, ako uspokojiť túžby hriešnej podstaty, správajú sa primerane podľa Božieho Slova (Rim 13, 13-14), či je ich duša v súlade s ich duchovným životom (Gal 5, 16), a či verne plnia svoju povinnosť a poslanie!

Podobne, Ježiš vás vykúpil zo všetkých hriechov spáchaných prostredníctvom vašich myšlienok tým, že mal na hlave korunu z tŕnia a prelieval krv. Akí vďační by ste mali byť, pretože On vám pripravuje v nebi lepšiu korunu podľa veľkosti vašej viery a naplnenia vášho poslania!

Preto si musíte uvedomiť, aké nádherné je byť spôsobilý získať tieto koruny. Potom by ste mali mať srdce vášho Pána tým, že sa budete vyhýbať každému druhu zla, dobre splníte svoje poslanie a budete verní v celom Božom dome. Dúfam, že v nebi dostanete najlepšiu možnú korunu.

Ježišove šaty a spodný odev

Ježiš, ktorý mal na hlave tŕňovú korunu a z celého tela mu v dôsledku ťažkého bičovania tiekla krv, prišiel na Golgotu, miesto ukrižovania. Keď rímski vojaci Ježiša ukrižovali, vzali Jeho šaty a rozdelili ich na štyri časti, pre každého z nich jednu. Spodný odev nerozdelili, ale losovali oň.

Keď vojaci Ježiša ukrižovali, vzali jeho šaty a rozdelili ich na štyri časti, pre každého vojaka jednu. Vzali aj spodný odev. Ale tento odev bol nezošívaný, odhora v celku utkaný. Preto si medzi sebou povedali: „Netrhajme ho, ale losujme oň, čí bude!" Aby sa splnilo Písmo: „Rozdelili si moje šaty a o môj odev hodili lós." A vojaci to tak urobili. (Jn 19, 23-24)

Prečo hovorí Božie Slovo podrobne o Ježišových šatách a o spodnom odeve? Dejiny Izraela sú od roku 70 n.l. hlboko zakotvené v duchovnom dopade tejto udalosti.

Vyzlečený a ukrižovaný

Podľa Mt 27, 22-26, na žiadosť Izraelitov, ktorí neuznali Ježiša ako Mesiáša po tom, čo bol terčom posmechu a rôznym spôsobom opovrhnutia, bol Ježiš odsúdený Pontským Pilátom na ukrižovanie.

Po tom, čo bol tŕním korunovaný, zosmiešňovaný a opovrhovaný, niesol kríž na Golgotu a tam bol ukrižovaný. Pilát prikázal vojakom, aby umiestnili nad Jeho hlavou nápis s označením jeho viny, ktorý hovoril: *„Toto je Ježiš, židovský kráľ"* (Mt 27, 37).

Nápis bol napísaný hebrejsky, latinsky a grécky. Hebrejčina bola tradičným jazykov Židov, Bohom vyvoleného ľudu. Latinčina bola oficiálnym jazykom Rímskej ríše, najmocnejšieho národa v tej dobe a gréčtina bol jazyk ovládajúci svetovú kultúru. To, že tento nápis bol v týchto troch jazykoch symbolizuje, že celý svet uznáva Ježiša ako židovského kráľa a Kráľa kráľov.

V Jn 19, 21-22 po prečítaní nápisu mnoho Židov protestovalo k Pilátovi, aby nepísal „židovský kráľ," ale „On povedal," „Ja som židovský kráľ." Ale Pilát im odpoval: „Čo som napísal, to som napísal" a nechal to nezmenené. To znamená, že aj Pilát uznal Ježiša za židovského kráľa.

Ako aj Pilát uznal Ježiša za židovského kráľa, On je naozaj jediný Boží Syn, Kráľ kráľov a Pán pánov. Avšak pred očami mnohých ľudí bol Ježiš zbavený šiat a spodného odevu, a bol ukrižovaný na kríži. Týmto spôsobom znášal tak srdcervúcu potupu.

Žijeme v tomto zlom svete, zabúdajúc na celú povinnosť

človeka. A aby sme boli vykúpení zo všetkých druhov hanby, špinavostí, zla, bezprávia a nemorálnosti, Ježiš, Kráľ kráľov, bol vyzlečený a znášal potupu pred očami mnohých ľudí. Ak ste si vedomí duchovného zmyslu tohoto, nemôžete si pomôcť, ale musíte byť za to vďační.

Delenie Ježišových šiat na štyri časti

Rímski vojaci vyzliekli Ježiš donaha a ukrižovali ho. Vzali Jeho šaty a rozdelili ich na štyri časti, ale o Jeho spodný odev losovali.

Zdravý rozum hovorí, že Jeho šaty nemohli byť krásne ani drahé. Tak prečo rozdelili vojaci Jeho šaty na štyri časti?

Vedeli azda v prezieravej múdrosti, že Ježiš bude oslávený ako Mesiáš a chceli získať aspoň časť šiat, aby ju mohli dať svojim potomkom ako vzácny rodinný poklad? Nie, toto nebol pravý dôvod.

Ž 22, 19 prorokuje: *„delia si moje šaty a o môj odev hádžu lós."* Boh dovolil rímskym vojakom vziať si Jeho odev, aby sa splnil tento verš (Jn 19, 24).

Tak potom, aké duchovné dôsledky má odobratie Ježišovho odevu? Prečo rozdelili Jeho šaty na štyri časti, jednu pre každého z nich? Prečo si nerozdelili Jeho spodný odev? Prečo Boh dovolil, aby bol tento príbeh napísaný vopred?

Pretože Ježiš je židovský kráľ, Ježišove šaty znamenali národ Izraela alebo židovský národ. Tým, že rímski vojaci rozdelili šaty na štyri časti, šaty stratili tvar. To znamená, že Izrael ako národ bude zničený. To tiež znamená, že meno Izrael zostane, tak ako zostali časti šiat. Koniec koncov, napísané Slová o Jeho šatách prorokovali, že židovský národ bude v dôsledku zničenia ich národa rozptýlený do všetkých smerov. História Izraela svedčí o tom, že toto proroctvo sa naplnilo.

Do 40 rokov od smrti Ježiša na kríži rímsky generál Titus zničil Jeruzalem. Boží chrám bol zničený úplne tak, že nezostal kameň na kameni. Keďže izraelský národ prestal existovať, Židia boli rozptýlení všade, boli prenasledovaní, a dokonca aj zavraždení. To vysvetľuje, prečo sú Židia rozptýlení po celom svete až do dnešných dní.

Mt 27, 23 opisuje ukrutné scény, v ktorých Pilát hovorí zlému davu, že Ježiš je nevinný, ale oni hlasnejšie kričali, aby bol Ježiš ukrižovaný. Nato Pilát vzal vodu a umyl si ruky, aby ukázal, že nie je zodpovedný za smrť nevinného Ježiša a povedal: *„Ja nemám vinu na krvi tohoto človeka.* To je vaša vec!" (v. 24) A všetok ľud odpovedal: *„Jeho krv na nás a na naše deti!"* (v. 25)

Pozoruhodným prvkom je, že dejiny Izraela jasne ukazujú, že mnoho Židov a ich potomkov prelialo krv, ako keby na vyplnenie ich požiadaviek pre Piláta Pontského. Do štyroch rokov od Ježišovej smrti bolo zabitých až 1,1 milióna Židov. V priebehu druhej svetovej vojny nacistické Nemecko zabilo asi šesť miliónov Židov. Film „Schindlerov zoznam" zobrazuje tragické scény, v ktorých boli Židia, muži aj ženy, starí aj mladí bez rozdielu zabití, pričom boli nahí. Dokonca aj trestanec má povolené obliecť si na popravu čisté prádlo, ale Židia, keď ich zabili, boli nahí.

Židovský ľud nespoznal, že Ježiš bol Mesiáš, vyzliekli ho donaha a ukrižovali ho. Ako kričali: „Jeho krv na nás a na naše deti," hrozné utrpenie prišlo na izraelský ľud na veľmi dlhú dobu.

Ježišov nezošívaný spodný odev, odhora v celku utkaný

Jn 19, 23 opisuje Ježišov spodný odev: *„Ale tento odev bol nezošívaný, odhora v celku utkaný."* Tu vo verši, „nezošívaný" znamená, že odev nebol ušitý z viacerých kusov látky. Väčšina ľudí sa nezaujíma o to, ako je ich odev ušitý, alebo či je ich oblečenie tkané zhora nadol alebo zdola nahor. Tak prečo Biblia opisuje Ježišov spodný odev tak podrobne?

Biblia hovorí, že predkom všetkých ľudských bytostí je Adam, otcom viery je Abrahám a praotcom Izraela je Jakub. Boh nás učí, že praotcom Izraela nie je Abrahám, ale Jakub, pretože dvanásť kmeňov Izraela pochádza z dvanástich synov Jakuba. Zakladateľom štátu Izrael je Jakub, aj napriek tomu, že praotcom viery je Abrahám.

V Gn 35, 10 - 11 Boh tiež požehnal Jakubovi takto:

„Tvoje meno je Jakub. No nebudeš sa už volať Jakubom, lež Izrael bude tvoje meno!" A nazval ho Izraelom. Potom mu Boh povedal: „Ja som všemohúci Boh. Ploď a množ sa! Z teba povstane národ, ba

skupina národov, aj králi vyjdú z tvojich bedier. "

Podľa Božieho Slova uvedeného v týchto veršoch, Jakubových dvanásť synov tvorilo chrbtovú kosť Izraela a Izrael bol zjednotenou krajinou až dovtedy, kým nebol v čase vlády kráľa Rechabeáma rozdelený na Izrael na severe a Júdeu na juhu.
Neskôr sa Izrael na severe zmiešal s pohanmi, ale Júdea zostala jednotná. Judský ľud je v súčasnosti nazývaný Židmi. Skutočnosť, že Ježišov spodný odev bol nezošívaný, v celku utkaný zhora dole, znamená to, že národ Izraela si udržal svoju jednotu a identitu potomkov Jakuba až dodnes.

Ježišov spodný odev neroztrhli, ale oň losovali

Spodný odev tu znamená srdcia ľudí. Pretože Ježiš je kráľ Izraela, spodný odev predstavuje srdcia židovského ľudu.
Izraeliti ako Boží ľud vybraný skrze ich otca viery Abraháma, nadovšetko uctievali pravého Boha. Skutočnosť, že Jeho odev nebol rozdelený znamená, že duch židovského národa Izraela, ktorý uctieva Boha, bol zachovaný bez toho, aby bol roztrhaný na kusy, aj keď národ alebo samotná vláda Izraela boli niekoľkrát zničené.
V skutočnosti, Biblia predpovedala, že pohania nebudú schopní zničiť ducha Izraelitov, ktorý je zakotvený hlboko v ich srdciach. Inými slovami, ich srdcia k Bohu boli vytrvalo udržané, aj keď bol národ Izraela zničený pohanmi. Vzhľadom k tomu, že majú také nemenné srdce, Boh si za svoj ľud vyvolil Izrael a použil ich na vytvorenie Jeho kráľovstva a spravodlivosti.

Dokonca aj dnes sa Izraeliti snažia dodržiavať zákony s nemenným srdcom. To je preto, lebo sú potomkami Jakuba, ktorý sám mal nemenné srdce. Keď Izraeliti dlho po tom, čo stratili svoju krajinu, získali 14. mája 1948 nezávislosť, prekvapili celý svet. Od tejto udalosti sa rozvíjali rýchlo, ako jedna z pokročilých a vplyvných krajín, a znova prejavili národného ducha a vynikajúcu kvalitu.

Keďže rímski vojaci nemohli rozdeliť Ježišov spodný odev, ktorý bol nezošívaný, ale v celku utkaný zhora nadol, pohania nemohli zničiť ducha Izraelitov uctievajúcich Boha. Koniec koncov, Izraeliti, ako potomkovia Jakuba, založili nezávislý štát a splnili Božiu vôľu ako Jeho vyvolený ľud.

Izrael na konci sveta predpovedaný v Biblii

Ako Boh predpovedal históriu Izraela cez šaty a spodný odev Ježiša, tiež nám dal tip na posledné dni sveta.

Ez 38, 8-9 hovorí:

> *Po mnohých dňoch dostaneš rozkaz, na konci rokov prídeš do krajiny vrátenej od meča, zhromaždenej z mnohých národov na vrchoch Izraela, ktoré boli ustavične spustnuté; z národov bola vyvedená, všetci bývajú v bezpečí. Potom vystúpiš, prídeš ako víchrica, budeš ako oblak, aby si pokryl zem, ty i všetky tvoje tlupy a mnohé národy s tebou.*

„Po mnohých dňoch" vo veršoch je doba od narodenia Ježiša

po jeho druhý príchod a „na konci rokov" sú blížiace sa posledné roky po Ježišov druhý príchod. „Na vrchoch Izraela" predstavuje Jeruzalem, ktorý sa nachádza na vysočine asi 760 metrov nad morom. Preto slovo, že v nasledujúcich rokoch sa bude mnoho ľudí z mnohých krajín zhromažďovať, predpovedá, že Izraeliti z celého sveta sa vrátia do svojej krajiny, keď sa priblíži Ježišov návrat.

Táto predpoveď sa potvrdila, keď bol Izrael v roku 70 n.l. zničený Rímskou ríšou a získal nezávislosť v roku 1948. Izrael bol opustený, až kým nezískal nezávislosť, ale potom sa stal jednou z najrozvinutejších krajín sveta.

Nový zákon tiež prorokuje nezávislosť Izraela.

V Mt 24, 32-34 nám Ježiš hovorí nasledovné:

Od figovníka sa naučte podobenstvo. Keď jeho ratolesť mladne a vyháňa lístie viete, že je blízko leto. Tak aj vy; až uvidíte toto všetko, vedzte, že je blízko, predo dvermi. Veru, hovorím vám: Nepominie sa toto pokolenie, kým sa to všetko nestane.

Toto bola Ježišova odpoveď učeníkom, keď sa spýtali na znamenie jeho druhého príchodu a na koniec sveta.

Figovník vo veršoch predstavuje Izrael. Keď listy stromov opadávajú a fúka studený vietor, viete, že je zima blízko. Rovnako, akonáhle zmäknú vetvičky figovníka a vypučia jeho listy, viete, že je leto blízko. Ježiš týmto podobenstvom vysvetľuje, že keď sa Izrael po dlhej dobe rozpadu obnoví, t.j. keď Izraeliti získajú nezávislosť, Ježišov druhý príchod bude veľmi blízko.

Neviete, ako dlho trvá „toto pokolenie," ktoré Ježiš spomína v tomto verši, ale viete, že to, čo povedal bude iste splnené. Už ste boli svedkami nezávislosti Izraela, takže je veľmi jednoduché zistiť, že Ježišov druhý príchod je veľmi blízko.

Znamenia konca vekov

V Mt 24, keď Jeho učeníci požiadali o znamenia konca vekov, Ježiš im to podrobne vysvetlil. Avšak nevyjavil presný deň ani hodinu, ale povedal: „*Ale o tom dni a o tej hodine nevie nik, ani nebeskí anjeli, ani Syn, iba sám Otec.*" (Mt 24, 36).

To znamená len to, že On ako Syn Človeka, ktorý prišiel na tento svet v ľudskom tele, nevedel presnú hodinu ani deň. To však neznamená, že Ježiš, ako jeden z Najsvätejšej Trojice, to nevedel po Jeho ukrižovaní, vzkriesení a nanebovstúpení.

Ježiš vás o konci vekov varoval mnohými slovami: „*A pretože sa rozmnoží neprávosť, v mnohých vychladne láska. Ale kto vytrvá do konca, bude spasený.*" (Mt 24, 12-13).

Dnes môžete vo veľkej miere cítiť, že zloba sa rozširuje a láska chladne. Je ťažké nájsť srdečnosť. Ježiš v Mt 24, 14 povedal: „*Toto evanjelium o kráľovstve sa bude hlásať po celom svete na svedectvo všetkým národom. A potom príde koniec.*" Evanjelium je už kázané vo všetkých kútoch sveta.

Okrem toho, žijeme v „globálnej dedine," kde každý kút sveta je dostupný, buď dopravou, alebo komunikáciou. Tento jav bol tiež predpovedaný v Dan 12, 4: *„ Ty však, Daniel, uzavri slová a zapečať knihu na posledný čas; mnohí ju preskúmajú a rozšíri sa poznanie. "* Týmto spôsobom sa evanjelium rýchlo šíri do celého sveta.

Je pravda, že aj v prípade, že je evanjelium kázané po celom svete, existujú ľudia, ktorí neprijímajú Ježiša, pretože ich srdce nie je otvorené. Alebo existujú odľahlé miesta, kde semienko evanjelia ešte nebolo zasiate.

Proroctvá Starého zákona boli všetky splnené a väčšina proroctiev v Novom zákone je tiež takmer splnených. Celé Písmo je inšpirované Duchom Svätým. To znamená, že Božie Slovo je správne a neobsahuje žiadne chyby. Ani najmenšie písmeno ani škrt pera sa v Slove nezmení. Boh plní svoje Slovo a sľuby a len pár vecí zostáva nenaplnených, vrátane druhého príchodu nášho Pána Ježiša Krista, Sedem rokov veľkého súženia, Nové tisícročie a Rozsudok veľkého bieleho trónu.

Jeho ruky a nohy pribité klincami

Ukrižovanie bolo jedným z najkrutejších spôsobov popravy pre vrahov a zradcov. Paže človeka boli roztiahnuté na drevenom kríži. Obe ruky a nohy mal pribité klincami. Na kríži visel dlho, až do smrti. A takto mal do posledného dychu trpieť obrovskou bolesťou.

Ježiš, Syn Boží, konal len dobré veci a na tomto svete nemal žiadne hriechy ani chyby. Tak prečo boli Ježišove ruky a nohy klincami pribité na kríži a prečo Ježiš vylial svoju krv?

Bolesť z priklincovania cez ruky a nohy

Ježiš bol odsúdený na smrť na kríži a prišiel na Golgotu, na miesto popravy. Jeden rímsky vojak držal veľký klinec a druhý, držaci kladivo, mu na povel stotníka začal vbíjať klince cez Jeho ruky a nohy. Potom postavili kríž. Viete si predstaviť, aké bolestné to muselo byť?

Nevinný Ježiš musel trpieť bolesťou, keď boli veľké klince zatlčené do Jeho tela, a keď bolo Jeho telo ťahané k zemi Jeho hmotnosťou a pribité časti tela boli roztrhnuté.

Keď bol niekto sťatý, jeho bolesť skončila v okamihu. Avšak umierať na kríži bolo oveľa bolestnejšie, pretože človek visel, krvácal, trpel dehydratáciou a vyčerpaním, až do okamihu smrti.

Navyše, za slnečného dňa v púšti lietali všetky druhy hmyzu a škodcov ponad celé Jeho roztrhané telo a sali krv tečúcu z rán na Jeho pribitých rukách a nohách. Akoby to nestačilo, zlí ľudia ukazovali na neho prstom, pľuli na neho, posmievali sa mu, nadávali mu a urážali ho. Niektorí ľudia dokonca opovrhujúco vraveli: „ *Ty, čo zboríš chrám a za tri dni ho znova postavíš, zachráň sám seba! Ak si Boží Syn, zostúp z kríža!* " (Mt 27, 40).

Neznesiteľná bolesť sprevádzala Ježiša počas Jeho ukrižovania. Ježiš však vedel veľmi dobre, že prijatím hriechov a nadávok, svojou smrťou na kríži otvoril cestu k vykúpeniu ľudstva z hriechov a urobil ich Božími deťmi. Jeho skutočná bolesť však pochádzala z iného zdroja. Stále tam boli ľudia, ktorí nevedeli o tejto Božej prozreteľnosti, alebo ktorí neboli spásení kvôli ich hriešnosti. To mu prinieslo väčšiu bolesť.

Hriechy spáchané rukami a nohami

Akonáhle v srdci vznikne hriešna myšlienka, srdce núti ruky a nohy k spáchaniu hriechov. Vzhľadom k tomu, že máme duchovný zákon, podľa ktorého odplatou za hriech je smrť, keď sa dopustíte hriechu, musíte ísť do pekla a navždy tam trpieť.

To je dôvod, prečo Ježiš hovorí: *„Ak ťa zvádza na hriech tvoja noha, odtni ju: je pre teba lepšie, keď vojdeš do života krivý, ako keby ťa mali s obidvoma nohami hodiť do pekla. [kde ich červ neumiera, a oheň nehasne] A ak ťa zvádza na hriech tvoje oko, vylúp ho: je pre teba lepšie, keď vojdeš do Božieho kráľovstva s jedným okom, ako keby ťa mali s obidvoma očami vrhnúť do pekla"* (Mk 9 , 45-47).

Koľkokrát ste sa rukami a nohami dopustili hriechov od narodenia? Niektorí v hneve bijú ostatných ľudí. Niektorí kradnú a iní strácajú majetok hazardnými hrami. Ľudia sú násilní ich nohami a idú tam, kde by nemali. Preto, ak vaše nohy spôsobujú, že hrešíte, je lepšie ich odrezať a vojsť do neba, než by ste mali byť vrhnutí do pekla s obidvoma nohami.

Taktiež, koľko hriechov ste spáchali svojimi očami? Zožiera vás chamtivosť a cudzoložstvo, keď vidíte niečo, čo by ste svojimi očami nemali vidieť. Toto je dôvod, prečo Ježiš povedal, že ak vaše oči spôsobili, že ste zhrešili, bolo by lepšie, ak ste si ich vylúpili a vošli do neba, než by ste mali byť po spáchaní hriechu očami uvrhnutí do pekla.

Počas starozákonnej doby, ak niekto spáchal hriech okom, bolo mu vylúpnuté, ak niekto spáchal hriech rukami alebo nohami, ruky alebo nohy mu boli odrezané, a ak niekto spáchal vraždu alebo cudzoložstvo, bol ukameňovaný na smrť (Dt 19, 19-21).

Bez utrpenia Ježiša Krista na kríži, aj dnes by si mali Božie deti odťať ruky alebo nohy, ak sa dopustia hriechu rukami alebo nohami. Avšak Ježiš vzal na seba kríž, bol pribitý cez Jeho ruky a nohy a prelial krv. Týmto zmyl hriechy spáchané rukami a nohami a nemusíte viac trpieť alebo zaplatiť cenu za svoje vlastné hriechy. Aká obrovská je Jeho láska!

Mali by ste si uvedomiť, že On vás očisťuje od všetkých hriechov, ak budete chodiť vo svetle ako On je vo svetle, a ak priznáte svoje hriechy a obrátite sa k Nemu (1 Jn 1, 7).

Preto je veľmi dôležité, aby ste naplnili vaše srdcia pravdou, aby ste viedli víťazný život s vďačným a milostivým srdcom, ktoré je vždy zamerané na Boha.

Ježišove nohy neboli polámané, ale Jeho bok bol prebodnutý

Deň, kedy Ježiš zomrel, bol piatok, deň pred sobotou. V tých dňoch bola sobota dňom odpočinku a počas soboty Židia nechceli nechať telá na krížoch.

Preto, ako čítate v Jn 19, 31, Židia požiadali Piláta Pontského, aby im polámali nohy a zložili telá z kríža.

S povolením Piláta Pontského vojaci polámali nohy lupičom, ktorí boli ukrižovaní po obidvoch stranách Ježiša, ale Ježišove nohy nepolámali, pretože On bol už mŕtvy. V tej dobe tí, ktorí boli ukrižovaní, boli považovaní za prekliatych, a to bol dôvod, prečo im vojaci polámali nohy. Preto je Božia prozreteľnosť v tom, že Ježišove nohy neboli polámané.

Prečo neboli Ježišove nohy polámané?

Ježiš, ktorý bol bez hriechu, bol prekliaty a visel na kríži, aby vykúpil človeka z kliatby zákona. Satan mu nemohol zlomiť nohy, nie preto, že Ježiš zomrel kvôli Jeho hriechom, ale kvôli Božej prozreteľnosti.

Okrem toho, Boh ochránil Ježiša od toho, aby boli Jeho nohy zlomené, aby sa splnili Slová Žalmu 34, 21, ktorý znie: „Všetky kosti mu ochraňuje, ani jedna sa mu nezlomí."

V Nm 9, 12 Boh hovorí Izraelitom, aby nezlomili žiadnu kosť baránka, ktorého jedia. V Ex 12, 46 tiež hovorí, že Izraeliti mohli jesť mäso baránka, ale nemohli zlomiť žiadnu z jeho kostí.

„Baránok" tu predstavuje Ježiša, ktorý bol bez poškvrny a bez úhony, ale z lásky k nám obetoval Sám seba ako zmiernu obetu za ľudí a za ich hriechy. Podľa Ex 12, 46, povedal: *„ Musí sa zjesť v jednom a tom istom dome a nič z mäsa nesmieš vyniesť von z domu, ani mu nesmiete polámať nijakú kosť,"* žiadna z Ježišových kostí nebola zlomená.

Kopijou prebodnutý bok

Jn 19, 32-34 opisuje ďalšiu desivú scénu:

Prišli teda vojaci a polámali kosti prvému aj druhému, čo boli s ním ukrižovaní. No keď prišli k Ježišovi a videli, že je už mŕtvy, kosti mu nepolámali, ale jeden z vojakov mu kopijou prebodol bok a hneď vyšla krv a voda.

Aj napriek tomu, že vojak vedel, že Ježiš už bol mŕtvy, prečo mu kopijou prebodol bok, spôsobiac tak náhly prúd krvi a vody? To poukazuje na zlo človeka.

Hoci On bol Boh, Ježiš nežiadal ani sa nepridŕžal svojich práv Boha. Namiesto toho urobil zo seba nikoho, prijal pokorné postavenie sluhu a objavil sa v podobe človeka. Poslušne sa pokoril ešte viac, až na smrť na kríži ako zločinec. Ježiš nám týmto spôsobom otvoril dvere ku spáse (Flp 2, 6-8).

Počas svojho života na tomto svete Ježiš oslobodil väzňov, chudobným dával bohatstvo a uzdravoval chorých a slabých. Nemal dostatok času na jedlo ani na spánok, pretože sa zo všetkých síl snažil ohlasovať Božie Slovo, aby zachránil čo najviac duší. Aj keď Jeho učeníci odpočívali, On vyšiel na vrch modliť sa.

Mnoho Židov Ho prenasledovalo s opovrhnutím, aj keď robil len dobre. Nakoniec ho zo svojej zloby ukrižovali na kríži. Navyše, aj keď vedeli, že je mŕtvy, rímsky vojak mu kopijou prebodol bok. To nám hovorí, že ľudia boli preplnení zlobou nad zlobu.

Boh vám ukázal Jeho obrovskú lásku tým, že vám poslal svojho jediného Syna Ježiša Krista a nechal Ho ukrižovať na kríži, aby vás vykúpil z hriechov, bez ohľadu na zlobu ľudí.

Z boku mu vyšla krv a voda

Ako už bolo spomenuté, rímsky vojak vo svojej zlobe kopijou prebodol Ježišov bok bez ohľadu na to, že vedel o Ježišovej smrti. Keď vojak prebodol Jeho bok, z Ježišovho tela vyšla krv a voda. K dispozícii máme tri významy tejto udalosti.

Po prvé, poukazuje to na to, že Ježiš prišiel v ľudskom tele ako Syn Človeka. Jn 1, 14 hovorí: *„A Slovo sa telom stalo a prebývalo medzi nami. A my sme uvideli jeho slávu, slávu, akú má od Otca jednorodený Syn, plný milosti a pravdy. "* Boh prišiel na tento svet v ľudskom tele a bol to Ježiš.

Hriešnici nemôžu vidieť Boha, pretože by pri stretnutí s ním zahynuli. Preto sa Boh nemôže objaviť priamo pred nimi, a to bol dôvod, prečo Ježiš prišiel na tento svet v ľudskom tele a ponúkol nám mnoho dôkazov, aby nás viedol k viere v Boha.

Biblia hovorí, že Ježiš bol človek ako vy. Mk 3, 20 hovorí: *„Vošiel do domu a znova sa zišiel toľký zástup, že si nemohli ani chleba zajesť. "* Mt 8, 24 nám hovorí: *„Na mori sa zrazu strhla taká búrka, že sa vlny prevaľovali cez loďku; a on spal. "*

Niektorí ľudia sa môžu diviť, ako mohol Ježiš, Syn Boží, byť hladný alebo trpieť bolesťou. Avšak, pretože Ježiš bol v ľudskom tele z kostí a svalov, musel jesť a spať. On tiež trpel bolesťou, tak ako my.

Skutočnosť, že z Jeho tela vytiekla krv a voda, keď bol Jeho bok prebodnutý kopijou, dáva presvedčivý dôkaz, že Ježiš prišiel na tento svet v ľudskom tele, hoci je Boží Syn.

Po druhé, je to ďalší dôkaz toho, že sa tiež môžete podieľať na božskej prirodzenosti, aj keď ste v ľudskom tele. Boh chce, aby Jeho deti boli sväté a dokonalé ako je On. Tak hovorí: „*Buďte svätí, lebo ja som svätý.*" (1 Pt 1, 16) a „ *Vy teda buďte dokonalí, ako je dokonalý váš nebeský Otec.*" (Mt 5, 48). Tiež vás povzbudzuje slovami: „*Tým nám daroval vzácne a veľmi veľké prisľúbenia, aby ste sa skrze ne stali účastnými na božskej prirodzenosti a unikli porušeniu, ktoré je vo svete pre žiadostivosť.*" (2 Pt 1. 4) a „*zmýšľajte tak ako Kristus Ježiš*" (Flp 2, 5).

Ježiš prišiel na tento svet v ľudskom tele, stal sa služobníkom podľa Božej vôle a splnil celú svoju povinnosť. Tiež plnil zákon, s láskou prekonával všetky skúšky a problémy a žil podľa Božieho Slova.

Hoci bol človekom tak ako vy, ochotne prijímal všetky bolesti, nasledoval Božiu vôľu s vytrvalosťou a sebaovládaním, a z lásky, bez odporu alebo sťažností, obetoval Sám seba na smrť na kríži.

Ako sa teda môžeme podieľať na božskej prirodzenosti so srdcom Ježiša Krista?

Musíte ukrižovať svoju hriešnu prirodzenosť, ktorá sa skladá z vášní a túžob, mať duchovnú lásku a horlivo sa modliť za účasť na božskej prirodzenosti tým, že budete mať rovnaký postoj ako Ježiš.

Na jednej strane, telesná láska je sebectvo a táto láska postupom času chladne. Ľudia s týmto druhom lásky sa navzájom zrádzajú a trpia bolesťou, ak nie sú na rovnakej vlnovej dĺžke.

Na druhej strane, Boh chce, aby ste mali lásku, ktorá je

trpezlivá, láskavá a nie je sebecká. Teda je to duchovná láska, ktorá sa nikdy nemení a kvitne zo dňa na deň. Môžete mať Ježišov postoj, ak máte duchovnú lásku, a ak sa zbavíte každého druhu zla skrze úprimnú modlitbu.

Podobne, každý môže získať Božiu milosť a silu, ak hľadá Jeho pomoc v pôste a v úprimnej modlitbe. Boh mu tiež pomáha zbaviť sa všetkých druhov zla. Ak budete mať duchovnú lásku, budete žiariť ako slnko v nebeskom kráľovstve, produkovať deväť ovocí Ducha Svätého (Gal 5) a získate Blahoslavenstvá (Mt 5).

Po tretie, Ježišova vyliata krv a voda sú dostatočne silné, aby vás doviedli k skutočnému a večnému životu.

Ježišova krv a voda boli bez poškvrny a bez úhony, lebo On nemal prvotný hriech a ani žiadny hriech nespáchal. Duchovne to bola táto krv a voda, ktoré mohli byť vzkriesené. Pretože On prelial svoju svätú krv, vaše hriechy sú očistené a vy môžete mať ozajstný život vedúci ku spáse, vzkrieseniu a večnému životu.

Voda, ktorá vytiekla z tela Ježiša, symbolizuje večnú vodu, Božie Slovo. Môžete byť naplnení pravdou a byť skutočnými Božími deťmi do tej miery, do akej chápete Jeho Slovo a odhodíte svoje hriechy tým, že budete podľa neho žiť.

Ježiš, bez poškvrny a bez chyby, sa všetkého vzdal, aby vám dal skutočný život až po preliatie krvi a vody, aj keď nie ste o nič lepší než zvieratá.

Dúfam, že chápete, že ste zachránení bez zaplatenia akejkoľvek ceny a odhodíte hriechy vrúcnou modlitbou vo viere, aby ste mohli viesť plodný život v Ježišovi Kristovi.

Kapitola 7

Posledných sedem Ježišových slov na kríži

- Otče, odpusť im
- Ešte dnes budeš so mnou v raji
- Žena, hľa, tvoj syn; Hľa, tvoja matka
- *Eloi, Eloi, Lama Sabakthani?*
- Žíznim
- Je dokonané
- Otče, do Tvojich rúk porúčam
  svojho ducha

Ježiš povedal: „Otče, odpusť im, lebo nevedia, čo robia."... (v. 34)

Potom povedal: „Ježišu, spomeň si na mňa, keď prídeš do svojho kráľovstva." On mu odpovedal: „Veru, hovorím ti: Dnes budeš so mnou v raji." Bolo už okolo dvanástej hodiny a nastala tma po celej zemi až do tretej hodiny popoludní. Slnko sa zatmelo, chrámová opona sa roztrhla napoly a Ježiš zvolal mocným hlasom: „Otče, do tvojich rúk porúčam svojho ducha" Po tých slovách vydýchol. (v. 42-46)

Lk 23, 34; 42-46

Väčšina ľudí si pripomína svoje životy, keď sa blíži smrť. Posledné slová patria ich rodinným príslušníkom a priateľom. Rovnakým spôsobom, keď sa Ježiš stal telom, prišiel na tento svet v Božej prozreteľnosti, a keď na kríži naposledy vydýchol, povedal sedem slov. Ide o tzv. „Posledných sedem Ježišových slov na kríži.“

Pozrime sa na duchovný význam posledných siedmich Ježišových slov na kríži.

Otče, odpusť im

Autor Listov Filipanom opisuje Ježiša nasledujúcim spôsobom. Ježiš:

> *Zmýšľajte tak ako Kristus Ježiš: On, hoci má božskú prirodzenosť, nepridŕžal sa svojej rovnosti s Bohom, ale zriekol sa seba samého, vzal si prirodzenosť sluhu, stal sa podobný ľuďom; a podľa vonkajšieho zjavu bol pokladaný za človeka. Uponížil sa, stal sa poslušným až na smrť, až na smrť na kríži. (Flp 2, 5-8)*

Ježiš bol ukrižovaný na kríži, aby preukázal Jeho lásku a

poslušnosť k Bohu, aby tak hriešnikom mohol otvoriť cestu spásy. Ľudia, ktorí stáli pod krížom, posmievali sa Ježišovi slovami: *„Iných zachraňoval, nech zachráni aj seba, ak je Boží Mesiáš, ten vyvolený.*" (Lk 23, 35).

Vojaci sa mu tiež posmievali, podávali mu ocot a hovorili: *„Zachráň sa, ak si židovský kráľ!*" (v. 37) Aj jeden zo zločincov, čo tam viseli na kríži, sa mu rúhal: *„Nie si ty Mesiáš?! Zachráň seba i nás!*" (v. 39)

> *Keď prišli na miesto, ktoré sa volá Lebka, ukrižovali jeho i zločincov: jedného sprava, druhého zľava. Ježiš povedal: „Otče, odpusť im, lebo nevedia, čo robia." Potom hodili lós a rozdelili si jeho šaty. (Lk 23, 33-34)*

Ježiš sa modlil k Bohu prosiac o odpustenie: „Otče, odpusť im, lebo nevedia, čo robia," zatiaľ čo On naposledy vydýchol. Ježiš žiadal Otca o milosť a o odpustenie pre ľudí, ktorí nevedeli, že Ježiš, Syn Boží, bol ukrižovaný za odpustenie ich hriechov. Možno si ani neuvedomili, že ich činy boli hriešne. Toto je Jeho prvé slovo na kríži.

Ježiš sa s láskou modlí za ľudí, ktorí ho ukrižovali

Ježiš, Syn Boží, sa modlil za tých, ktorí ho ukrižovali, aj keď bol bez hriechu a bez chýb. Aká hlboká a veľká je Jeho láska! Ježiš mohol poľahky zostúpiť z kríža, aby zabránil Jeho ukrižovaniu, pretože On je jedno s všemohúcim Bohom a je poverený Bohom Otcom. Avšak bol ukrižovaný, aby splnil plán spásy podľa Božej vôle. Preto dokázal zniesť všetko utrpenie a hanbu, modliť sa za nich v zúfalej láske a prosiť o odpustenie pre nich.

Ježiš sa úprimne modlil: „Otče, odpusť im, lebo nevedia, čo robia." Tu „im" predstavuje tých, ktorí Ho ukrižovali a posmievali sa mu, ale aj všetkých ľudí, ktorí neprijímajú Ježiša Krista, a naďalej žijú v tme. Rovnako ako ľudia, ktorí ukrižovali Ježiša, Syna Božieho, mnoho ľudí hreší, pretože nepoznajú Ježiša Krista, a ani pravdu.

Váš nepriateľ diabol patrí do temnoty a nenávidí svetlo, a preto ukrižoval Ježiša - pravé svetlo. Dnes diabol riadi ľudí, ktorí patria do temnoty a spôsobuje, že prenasledujú tých, ktorí kráčajú vo svetle.

Ako môžete reagovať na prenasledovateľov, ktorí nepoznajú pravdu?

Čo je Božia vôľa, a aký by mal byť postoj kresťana, Ježiš učí svojim prvým slovom na kríži. V Mt 5, 44 hovorí: *„Ale ja vám hovorím: Milujte svojich nepriateľov a modlite sa za tých, čo vás prenasledujú. "* Takže musíme byť schopní modliť sa za všetkých, ktorí nás prenasledujú, hovoriac: „Otče, odpusť im, lebo nevedia, čo robia. Žehnaj ich, aby aj oni prijali Pána a mohli sme sa znovu stretnúť v nebi."

Ešte dnes budeš so mnou v raji

Keď bol Ježiš ukrižovaný na kríži, ktorý sa na Golgote týčil vysoko do výšky, na *„mieste, ktoré sa volá Lebka "* (Lk 23, 33), spolu s ním boli ukrižovaní aj dvaja zločinci.

Jeden z tých zločincov sa mu rúhal, ale druhý pokarhal tohto prvého zločinca, kajal sa a prijal Ježiša za svojho osobného Spasiteľa. Potom mu Ježiš sľúbil, že s ním bude v raji. To je Ježišovo druhé slovo na kríži.

A jeden zo zločincov, čo viseli na kríži, sa mu rúhal:

> „Nie si ty Mesiáš?! Zachráň seba i nás!" Ale druhý ho zahriakol: „Ani ty sa nebojíš Boha, hoci si odsúdený na to isté? Lenže my spravodlivo, lebo dostávame, čo sme si skutkami zaslúžili. Ale on neurobil nič zlé." Potom povedal: „Ježišu, spomeň si na mňa, keď prídeš do svojho kráľovstva." On mu odpovedal: „Veru, hovorím ti: Dnes budeš so mnou v raji." (Lk 23, 39-43)

Ježiš vyhlásil, že je Mesiášom, ktorý má moc odpustiť hriešnikom, keď činia pokánie a zachrániť ich Jeho druhým slovom na kríži.

Keď čítate štyri evanjeliá, odpovede dvoch zločincov sú napísané rôznymi spôsobmi. V Mt 27, 44 sa hovorí: „Takisto ho tupili aj zločinci, čo boli s ním ukrižovaní." V Mk 15, 32 je napísané, „,Kristus, kráľ Izraela! Nech teraz zostúpi z kríža, aby sme videli a uverili.' Ešte aj tí ho hanobili, čo boli s ním ukrižovaní." V týchto dvoch evanjeliách sa dočítate, že obaja zločinci nadávali na Ježiša.

Avšak v Lk 23 sa dočítate, že jeden zločinec pohrozil druhému a kajal sa zo svojich hriechov, prijal Ježiša Krista a bol zachránený. To nebolo preto, že evanjeliá nie sú v súlade s ostatnými. Naopak, Boh v Božej prozreteľnosti dovolil autorom písať rôznymi spôsobmi. V Biblii sú Božia prozreteľnosť a historické prvky skrátené. Ak by všetko bolo podrobne zapísané, ani tisíc Biblií by nestačilo.

Dnes, ak si natočíte niečo videokamerou, môžete to sledovať neskôr, ale v Ježišovej dobe neboli žiadne také zariadenia a nemohli urobiť ani jednu fotografiu, aj keď to boli veľmi dôležité udalosti. Tieto udalosti mohli len zapísať. Cez drobné rozdiely môžete okúsiť a prežiť určitú situáciu reálnejšie.

Lepšie porozumenie Ježišovmu ukrižovaniu

Keď Ježiš hlásal evanjelium, nasledovali Ho veľké davy ľudí. Niektorí chceli počúvať Jeho posolstvo, niektorí chceli vidieť zázraky a znamenia z nebies, iní chceli jedlo, a ešte ďalší predali svoj majetok, aby mohli slúžiť Ježišovi a nasledovať Ho.

V Lk 9 Ježiš vzdáva vďaku za päť bochníkov chleba a dve ryby. Počet tých, ktorí jedli, bolo asi päťtisíc mužov (Lk 9, 12-17). Predstavte si, koľko ľudí, vrátane tých, ktorí milovali, alebo nenávideli Ježiša a ďalších v dave, sa muselo zhromaždiť na mieste, kde bol Ježiš ukrižovaný. Dav obkolesil kríž, a tak ich vojaci zastavili kopijami a štítmi. Predstavte si ľudí kričiacich na Ježiša z kruhu okolo kríža. Dav ho urážal. Dokonca aj jeden z dvoch zločincov, ktorí viseli po oboch stranách Ježiša, Ho urážal.

Kto by bol schopný počuť, čo povedal prvý zločinec? Bolo to viac než pravdepodobné, že tam bol veľký hluk, takže len ľudia stojaci blízko pri Ježišovi, mohli počuť Jeho slová. Druhý zločinec povedal niečo smerom k Ježišovi so zlým výrazom na tvári. Tento zločinec v skutočnosti káral zločinca, ktorý urazil Ježiša. Je však možné, že tí, ktorí stáli ďaleko na opačnej strane, si mohli ľahko myslieť, že tento kajúci sa zločinec tiež urážal Ježiša.

Na jednej strane, v tých hlučných podmienkach, každý z autorov evanjelia podľa Matúša a Marka, ktorí nemohli počuť ľútosť zločinca, si jasne mysleli, že aj on urážal Ježiša. Tak napísali, že obaja zločinci urážali Ježiša.

Na druhej strane, autor Lukášovho evanjelia jasne počul, a tak vedel, že jeden z dvoch zločincov Ježiša neurážal, ale namiesto toho sa kajal. Rôzni spisovatelia boli na rôznych miestach, a tak nepísali rovnako.

Boh, ktorý všetko vie, im dovolil písať rôznymi spôsobmi preto, aby neskoršie generácie mohli jasne rozpoznať konkrétnu situáciu.

Miesto v nebi pre kajúceho zločinca

Ježiš sľúbil zločincovi, ktorý sa na kríži pred smrťou kajal: „Budeš so mnou v raji." To má duchovný význam.

Nebo, Božie kráľovstvo, je veľmi rozsiahle, mimo vašu predstavivosť. Dokonca aj Ježiš nám v Jn 14, 2 povedal: „ V dome môjho Otca je mnoho príbytkov. Keby to tak nebolo bol by som vám povedal, že vám idem pripraviť miesto? " Žalmista nás povzbudzuje : „chváľte ho, nebies nebesia a všetky vody nad oblohou. " (Ž 148, 4). Neh 9, 6 chváli Boha, ktorý urobil nebesá i najvyššie nebo. 2 Kor 12, 2 hovorí o: „Poznám človeka v Kristovi, ktorý bol pred štrnástimi rokmi – neviem, či v tele, či mimo tela, tiež neviem, to vie Boh, – uchvátený až do tretieho *neba.* " V Zjv 21, 2 sa hovorí, že v Novom Jeruzaleme prebýva Boží trón.

Podobne aj v nebi je veľa príbytkov. Avšak nemáte dovolené žiť na ktoromkoľvek mieste podľa vášho výberu. Boh spravodlivosti odmení každému z vás podľa toho, čo ste urobili na tomto svete: nakoľko ste napodobnili svojho Pána a pracovali pre Božie kráľovstvo a koľko toho máte uloženého v nebi, atď (Mt 11, 12; Zjv 22, 12).

Jn 3, 6 hovorí: *„Čo sa narodilo z tela, je telo, a čo sa narodilo z Ducha, je duch.* " Záleží na rozsahu, v akom sa človek zbaví telesných vecí a stáva sa duchovným človekom, nebeské príbytky budú rozdelené do skupín s rovnakou duchovnou úrovňou.

Samozrejme, že každé miesto v nebi je veľmi krásne, pretože tam vládne Boh. Avšak existujú rozdiely aj v rámci neba. Napríklad, životný štýl, záľuby, životná úroveň a obľúbené veci ľudí v metropole sú úplne odlišné od tých na vidieku. Rovnakým spôsobom, sväté mesto Nový Jeruzalem, je najslávnejším miestom v nebi, kde sa nachádza Boží trón, a kde budú prebývať deti, ktoré sa mu najviac podobajú.

Avšak, raj je miestom, kde prebýva zložinec, ktorý sa v poslednej minúte pred jeho smrťou na kríži kajal a je umiestnený na okraji neba. Mnoho iných, ktorí dostávajú hanebnú záchranu, tam tiež budú žiť. Títo ľudia prijali Ježiša Krista, ale neurobili krok vpred, aby sa zmenili duchovne.

Prečo vstúpil kajúci sa zločinec do raja?

Vo svojom dobrom srdci priznal, že bol hriešnikom a prijal Ježiša za svojho Spasiteľa. Avšak on sa nezbavil svojich hriechov, nežil podľa Božieho Slova a ani neevanjelizoval ostatných.

Nepracoval pre Pána. Neurobil nič, aby získal nebeské ceny. Toto je dôvod, prečo vstúpil do raja, do toho najnižšieho miesta v nebi.

Ježiš vstúpil do podsvetia

Aj keď Ježiš sľúbil zločincovi: „Ešte dnes budeš so mnou v raji," neznamená to, že Ježiš žije v nebi iba v raji. Ježiš je Kráľ kráľov a Pán pánov, vládne a býva s Božími deťmi v celom nebi, vrátane raja a Nového Jeruzalema. V tomto zmysle býva v raji, rovnako ako aj na ostatných miestach v nebi.

Keď Ježiš povedal zachránenému zločincovi: „Ešte dnes budeš so mnou v raji," „dnes" neznamená jednoducho konkrétny deň, kedy Ježiš zomrel na kríži alebo iný presný deň. Ježiš spomenul, že s kajúcim sa zločincom bude všade tam, kde bude zločinec od chvíle, kedy sa stal Božím dieťaťom.

Podľa Biblie, Ježiš nešiel po smrti do raja. V Mt 12, 40 Ježiš hovorí niektorým z farizejov, že: *„Lebo ako bol Jonáš tri dni a tri noci v bruchu veľkej ryby, tak bude Syn človeka tri dni a tri noci v lone zeme."* Ef 4, 9 hovorí: *„A čo iné znamená to ‚vystúpil,' ako že aj zostúpil do nižších častí zeme?"*

Navyše, 1 Pt 3, 18-19 hovorí: *„Veď aj Kristus raz navždy trpel za hriechy, spravodlivý za nespravodlivých, aby vás priviedol k Bohu. Bol usmrtený v tele, ale Duchom oživený. V ňom prišiel a kázal aj duchom, čo boli vo väzení."* Ježiš vstúpil do Horného podsvetia a kázal evanjelium duchom predtým, než bol vzkriesený na tretí deň. Prečo bolo toto nutné?

Predtým, než Ježiš prišiel na tento svet, mnoho ľudí v

starozákonnej dobe, a dokonca aj ľudí v novozákonnej dobe, nemali možnosť počuť evanjelium, ale žili s dobrým svedomím a prijímali Boha. Znamená to, že všetci išli do pekla, len preto, že nevedeli, kto je Ježiš?

Boh poslal svojho jednorodeného Syna na svet a kto ho prijme, bude spasený. Boh nezačal so zdokonaľovaním človeka, aby zachránil len tých, ktorí príjmu Ježiša Krista po Jeho ukrižovaní. Tí, ktorí nemali možnosť počuť evanjelium, ale žili s čistým svedomím, budú posudzovaní podľa ich svedomia.

Na jednej strane, ľudia dobrého srdca sa zhromažďovali v „Hornom podsvetí." Na druhej strane, „Dolné podsvetie," ktoré je tiež nazývané „predpeklie," je miesto, kde budú zlé duše žiť až do súdneho dňa. Po Jeho ukrižovaní, Ježiš išiel do podsvetia a kázal evanjelium duchom, ktorí nepoznali evanjelium, ale žili s dobrým svedomím a boli hodní spasenia.

Pod nebom neexistuje žiadne iné meno okrem Ježiš Kristus, ktorým musia byť ľudia zachránení. Toto je dôvod, prečo Ježiš išiel a kázal o sebe duchom, aby Ho mohli prijať a byť spasení.

Biblia hovorí, že duchovia zachránení pred Ježišovým ukrižovaním sú prenesení na stranu Abraháma (Lk 16, 22), ale po Ježišovom vzkriesení sú prenesení na Jeho stranu.

Predtým, než Ježiš prišiel na tento svet, aby šíril evanjelium, dobrí ľudia žili podľa pokynov spravodlivosti v ich srdciach. Toto je zákon svedomia. Dobrí ľudia nerobili zlo, aj keď mali problémy a ťažkosti, pretože načúvali hlasu svojho srdca.

Rim 1, 20 hovorí: *„ Veď to, čo je v ňom neviditeľné – jeho večná moc a božstvo – možno od stvorenia sveta rozumom poznávať zo stvorených vecí; takže nemajú výhovorky. "*

Videním vesmíru a toho, ako je všetko na zemi v harmónii, ľudia s dobrým srdcom veria, že existuje večný život. Toto je dôvod, prečo nežijú podľa svojej hriešnej podstaty človeka a v bázni Božej sa ovládajú neužívať si svetských radovánok.

Rim 2, 14-15 hovorí: *„A keď pohania, ktorí nemajú zákon, od prírody robia, čo zákon požaduje, hoci taký zákon nemajú, sami sebe sú zákonom. Tým ukazujú, že majú požiadavky zákona vpísané vo svojich srdciach, čo im dosvedčuje zároveň aj ich svedomie aj ich myšlienky, ktoré sa navzájom obviňujú alebo i bránia."*

Boh dal zákon iba Izraelitom, ale nie pohanom. Avšak, je to ako keď pohania žijú podľa zákona. Keď žijú podľa zákona vo svojich srdciach a podľa ich svedomia, ktoré je získané a konané nimi samými. Nemôžete povedať, že tí, ktorí neverili v Ježiša Krista nemôžu byť spasení, pretože nikdy v živote evanjelium nepočuli.

Medzi tými, ktorí zomreli bez poznania Ježiša Krista, boli ľudia, ktorí sa vedeli ovládať pred zlými myšlienkami, pretože mali čisté srdce. Títo ľudia budú spasení v súlade s Božím rozsudkom ich svedomia.

Žena, hľa, tvoj syn; Hľa, tvoja matka

Apoštol Ján napísal, čo videl a počul pri kríži, na ktorom visel Ježiš. Bolo tam mnoho žien, vrátane Márie, Ježišovej matky, Salome, sestry Jeho matky, Márie, manželky Kleopasovej a Márie Magdalény. V Jn 19, 26-27 Ježiš hovorí smutnej Márii, Jeho matke, aby prijala Jána za svojho syna a Jánovi povedal, aby sa o ňu staral ako o svoju matku:

Keď Ježiš uzrel matku a pri nej učeníka, ktorého miloval, povedal matke: „Žena, hľa, tvoj syn!" Potom povedal učeníkovi: „Hľa, tvoja matka!" A od tej hodiny si ju učeník vzal k sebe.

Prečo Ježiš oslovil Máriu „žena," nie „matka?"

Nebol to Ježiš, kto povedal slovo „matka," ale apoštol Ján, ktorý to napísal z jeho pohľadu. Prečo teda Ježiš oslovil vlastnú matku, ktorá Ho porodila „žena? "

Keď sa odvolávate na Bibliu, Ježiš ju neoslovoval „matka."

Napríklad, v Jn 2, 1-11 Ježiš vykonal prvý zázrak od začatia Jeho služby, kedy premenil vodu na víno. Tento zázrak sa stal na svadbe v Káne Galilejskej. Ježiš a jeho učeníci boli tiež pozvaní na svadbu. Keď sa víno minulo, Mária mu povedala: „Už nemajú víno," pretože vedela, že ako Syn Boží, Ježiš bol schopný premeniť vodu na víno. Na to jej Ježiš odpovedal: *„Čo mňa a teba do toho, žena? Ešte neprišla moja hodina. "* (v. 4).

Ježiš odpovedal, že čas, aby sa ukázal ako Mesiáš ešte nenadišiel, aj keď bolo Márii ľúto hostí, pretože sa minulo víno. Premenenie vody na víno duchovne znamená, že Ježiš vylial na kríži svoju krv.

Ježiš o sebe vyhlásil, že prišiel na tento svet ako náš Spasiteľ, aby vyplnil Boží plán spásy človeka na kríži. A tak oslovil Máriu: „ žena," nie „matka. "

Okrem toho, náš Spasiteľ Ježiš je Bohom v Najsvätejšej Trojici a Stvoriteľom. Boh Stvoriteľ je Ten, KTO JE (Ex 3, 14) a On je prvý a posledný (Zjv 1, 17; 2, 8). Preto Ježiš nemá matku, a to je dôvod, prečo ju Ježiš oslovil: „žena," nie „matka."

Dnes mnoho Božích detí uctieva Máriu ako Ježišovu „svätú matku" alebo jej dokonca robia sochy a modlia sa pred nimi. Mali by ste pochopiť, že je to úplne zle, pretože ona nie je matkou nášho Spasiteľa (Ex 20, 4).

Nebeské občianstvo

Ježiš potešil Máriu, ktorá bola kvôli Jeho ukrižovaniu veľmi nešťastná a milovanému učeníkovi Jánovi povedal, aby sa staral o Máriu ako o vlastnú matku. Aj keď Ježiš na kríži trpel obrovskou bolesťou, ešte stále sa hlboko zaujímal o to, čo bude s Máriou po Jeho smrti. Tu môžete vidieť Jeho lásku.

Prostredníctvom tretieho Ježišovho slova na kríži si môžeme uvedomiť, že vo viere sme všetci bratia a sestry – Božia rodina. V Mt 12 je scéna, v ktorej Ježiša navštívi Jeho rodina. Keď bolo Ježišovi oznámené, že Jeho matka a bratia stoja vonku, odpovedal davu:

> On však odvetil tomu, čo mu to vravel: „Kto je moja matka a kto sú moji bratia?" Vystrel ruku nad svojich učeníkov a povedal: „Hľa, moja matka a moji bratia. Lebo každý, kto plní vôľu môjho Otca, ktorý je na nebesiach je môj brat i sestra i matka." (Mt 12, 48-50)

Ako vaša viera po prijatí Ježiša Krista rastie, váš zmysel pre občianstvo v nebi sa stáva jasnejším a máte radi svojich bratov a sestry v Kristovi viac ako biologické rodiny. Ak vaši rodinní príslušníci nie sú Božími deťmi, vaša rodina nevydrží ako „rodina" navždy. Vaše rodinné vzťahy skončia smrťou. Ak neveria v Ježiša Krista a nežijú podľa Božej vôle, aj keď tvrdia, že v Boha veria, pôjdu do pekla, pretože odplatou za hriech je smrť (Mt 7, 21).

Vaše viditeľné telo sa mení po smrti naspäť na prach, ale máte nesmrteľného ducha. Ak vám Boh vezme ducha, budete len mŕtvoly, ktoré čoskoro zhnijú. Boh Stvoriteľ vytvoril prvého človeka z prachu a vdýchol mu do nozdier dych života, takže jeho duch sa stal nesmrteľným. Je to Boh, kto vytvára vášho nesmrteľného ducha a telo, ktoré sa vráti do prachu. Preto je On vaším pravým otcom.

Mt 23, 9 nám hovorí: *„Ani Otcom nevolajte nikoho na zemi, lebo len jeden je váš Otec, ten nebeský."* To neznamená, že by ste nemali milovať neveriacich vo vašej rodine. Je veľmi dôležité, aby ste ich naozaj milovali, kázali im evanjelium a viedli ich k prijatiu Ježiša Krista.

Eloi, Eloi, Lama Sabakthani?

Ježiš bol ukrižovaný na kríži o tretej hodine a od šiestej hodiny nastala tma po celej zemi až do deviatej hodiny, kedy naposledy vydýchol. Po prevedení do moderného poňatia času, Ježiš bol ukrižovaný o deviatej hodine ráno a o tri hodiny neskôr, na poludnie, nastala tma po celej zemi až do tretej hodiny popoludní.

Keď bolo dvanásť hodín, nastala tma po celej zemi až do tretej hodiny popoludní. O tretej hodine zvolal Ježiš mocným hlasom: „Heloi, heloi, lema sabakthani?" čo v preklade znamená: „Bože môj, Bože môj, prečo si ma opustil?" (Mk 15, 33-34)

O šesť hodín neskôr, o deviatej hodine, Ježiš zvolal k Bohu: „Eloi, Eloi, lama Sabakthani?" To je Ježišovo štvrté slovo na kríži.

Ježiš bol vyčerpaný, pretože počas šiestich hodín visel na kríži a prelieval svoju krv a vodu pod horúcim slnkom púšte. Bol úplne vyčerpaný. Prečo teda zvolal?

Každé zo siedmich slov Ježiša na kríži má duchovný význam. Ak by neboli počuté, boli by k ničomu. Sedem slov malo byť jasne zapísaných v Biblii, aby mohol každý pochopiť Božiu vôľu.

Preto Ježiš zvolal sedem slov z kríža zo všetkých svojich síl, aby ich ľudia okolo kríža jasne počuli a zapísali ich.

Niektorí hovoria, že Ježiš zvolal v hneve k Bohu, pretože musel prísť na tento svet v ľudskom tele a zbytočne znášať veľkú bolesť. Avšak to vôbec nie je pravda.

Prečo Ježiš zvolal: *„Eloi, Eloi, Lama Sabakthani?"*

Dôvodom, prečo prišiel na zem, bolo zničiť dielo diabla a otvoriť nám dvere spasenia.

Preto Ježiš počúval Božiu vôľu až na smrť a úplne sa obetoval.

Pred Jeho ukrižovaním sa modlil ešte usilovnejšie a Jeho pot bol ako kropaje krvi padajúce na zem (Lk 22, 42-44). Niesol svoje bremeno plne, poznajúc utrpenie, ktoré bude na kríži znášať. Zniesol týranie a utrpenie na kríži, pretože poznal Boží plán s ľuďmi. Ako sa potom mohol Ježiš hnevať, že ho čaká smrť? Jeho zvolanie nie je povzdych zo zármutku alebo výčitiek voči Bohu. Ježiš mal na to dôvody.

Po prvé, Ježiš chcel ohlásiť svetu, že bol ukrižovaný, aby vykúpil všetkých hriešnikov z hriechu

Chcel, aby všetci pochopili, že svoju slávu zanechal v nebi a Boh na neho nebral žiadny ohľad, aj keď bol jediný Syn Boží. Zvolal preto, lebo chcel dať všetkým vedieť, že na kríži trpel obrovskou bolesťou, aby vykúpil a zachránil hriešnikov od hriechu. Biblia ukazuje, že zvykol Boha volať „Môj otec," ale na kríži Ježiš zvolal: „Môj Bože." Dôvodom je to, že Ježiš vzal na seba kríž za hriešnikov a hriešnici nemôžu nazývať „Boha Otec."

V tú chvíľu Boh potupil Ježiša ako hriešnika, ktorý niesol všetky hriechy ľudí a Ježiš sa neodvážil osloviť Boha „Otče." Rovnakým spôsobom oslovujete Boha „Abba Otče," keď sa vzájomne milujete, ale oslovujete ho „Boh" namiesto „Otče," keď ste od Neho ďaleko, pretože ste spáchali hriech alebo máte slabú vieru.

Boh chce, aby sa všetci ľudia stali Jeho skutočnými deťmi, ktoré ho môžu oslovovať „Otče" tým, že prijímajú Ježiša Krista a kráčajú vo svetle.

Po druhé, Ježiš chcel varovať ľudí, ktorí nepoznali Božiu

vôľu a ešte stále žili v temnote

Boh poslal svojho jednorodeného Syna Ježiša Krista na tento svet a dovolil, aby bol terčom posmechu a bol ukrižovaný Jeho vlastnými stvoreniami. Ježiš vedel, prečo si Boh nevšímal svojho Syna, ale dav, ktorý ho ukrižoval, nepoznal Božiu vôľu. Zvolal: „Bože môj, Bože môj, prečo si ma opustil?" aby ignoranti pochopili Božiu lásku a kajali sa, aby sa mohli vrátiť na cestu spásy.

Žíznim

V Starom zákone je veľké množstvo proroctiev o Ježišovom utrpení na kríži. Ž 69, 22 hovorí: *„Do jedla mi dali žlče, a keď som bol smädný, napojili ma octom."* Ako je predpovedané v Žalme, keď Ježiš povedal: „Žíznim," ľudia namočili špongiu do vínneho octu, nastokli ju na stonku rastliny yzop a podali ju Ježišovi k ústam.

Potom Ježiš vo vedomí, že je už všetko dokonané, povedal, aby sa splnilo Písmo: „Žíznim." Bola tam nádoba plná octu. Nastokli teda na yzop špongiu naplnenú octom a podali mu ju k ústam. (Jn 19, 28-29)

Dlho predtým, než sa Ježiš Kristus narodil v meste Betleheme, žalmista vo videní videl, že Ježiš bude ukrižovaný a zomrie na kríži, a napísal o tom. Ježiš povedal: „Žíznim," aby sa splnilo Písmo.

Popremýšľajme o duchovnom význame piateho Ježišovho slova na kríži: „Žíznim."

Ježiš prehlasuje duchovný smäd

Mnoho ľudí dokáže zniesť hlad, ale nie smäd. Ježiš bol úplne vyčerpaný, pretože bol šesť hodín pribitý na kríži a prelieval svoju krv pod horúcim slnkom púšte. Veľkosť Jeho smädu bola nepredstaviteľná.

To neznamená, že Ježiš nemohol zniesť smäd, keď povedal: „Žíznim." On vedel, že sa čoskoro v pokoji vráti k Bohu.

V skutočnosti trpel väčšou bolesťou z duchovného smädu ako z fyzického. To je Ježišova silná túžba po Božích deťoch: „Žíznim, lebo som prelial svoju krv. Uhaste Môj smäd zaplatením za Moju krv. "

Dvetisíc rokov uplynulo od Ježišovej smrti na kríži, ale On nám ešte stále hovorí, že je smädný. Jeho smäd pochádzal z preliatia Jeho krvi. On prelial svoju krv, aby odpustil vaše hriechy a dal vám večný život.

Ježiš vám hovorí, že je smädný, aby ukázal ochotu zachrániť tie stratené duše. Preto Božie deti, ktoré sú zachránené Ježišovou krvou, musia zaplatiť za Jeho krv.

Spôsob, akým zaplatíte za Jeho krv a uhasíte Jeho smäd, je viesť ľudí z ich bezvýznamnej cesty do pekla, na cestu do neba.

Preto musíte byť Ježišovi vďační za to, že prelial svoju krv a teraz uhasína svoj smäd vedením ľudí na cestu spásy.

Je dokonané

V Jn 19, 30 Ježiš prijal nápoj a povedal: „*Je dokonané,*" naklonil hlavu a odovzdal ducha. Ježiš prijal špongiu nastoknutú na stonke yzopu. Nebolo to preto, že nemohol zniesť smäd. V Jeho čine je duchovný význam.

Dôvod, prečo Ježiš prišiel na tento svet v ľudskom tele je ten, aby bol ukrižovaný na kríži za hriechy ľudstva. Vo svojej veľkej láske k nám, Ježiš naplnil zákon Starého zákona a niesol hriechy a nadávky všetkých ľudí namiesto nich. Počas starozákonných dní, keď ľudia zhrešili, obetovali Bohu krv zvierat. Ježiš však priniesol jedinú obeť za hriechy naveky tým, že vylial svoju krv (Hebr 10, 11-12). Preto, keď prijmete Ježiša Krista, vaše hriechy sú odpustené, pretože On vás už vykúpil. Výkupná milosť sa skrze Ježiša Krista vzťahuje na nové víno a On pil vínny ocot, aby nám dal nové víno.

Duchovný význam Slova „Je dokonané"

Ježiš povedal: „Je dokonané" a odovzdal ducha. Čo to znamená duchovne?

Ježiš sa stal telom, prišiel na zem, kázal evanjelium, uzdravoval všetky slabosti a choroby a otvoril cestu spásy tým, že vzal kríž za všetkých, ktorí boli predurčení k smrti.

Naplnil zákon Starého zákona, keď s láskou obetoval Sám seba až na smrť. Tiež zvíťazil nad diablom úplným zničením diablovej práce. To znamená, že dokončil Boží plán spásy ľudí. To je dôvod, prečo Ježiš na kríži povedal „Je dokonané."

Boh chce, aby Jeho deti splnili všetko tým, že budú žiť podľa Božej vôle, rovnako ako Jeho jediný Syn Ježiš naplnil celú prozreteľnosť spásy v poslušnosti k Otcovi, až k obetovaniu vlastného života podľa vôle a plánu Boha.

Preto musíte najprv napodobniť Pánovo srdce tým, že získate duchovnú lásku: plodením deväť ovocí Ducha Svätého (Gal 5, 22-23) a dosiahnutím Blahoslavenstiev (Mt 5, 3-10). Potom musíte byť verní práci, ktorú ste dostali od Pána. Musíte viesť k Bohu tak veľa ľudí, ako je to možné, skutočnou modlitbou, kázaním evanjelia a službou Cirkvi.

Dúfam, že každý z vás, drahé Božie deti, premôže svet s pevnou vierou, nádejou na nebo a láskou k Bohu a vyzná: „Je dokonané!" poslúchaním Boha a Jeho vôle tak, ako nám ukázal náš Pán Ježiš Kristus.

Otče, do Tvojich rúk porúčam svojho ducha

Kým na kríži vyslovil Jeho posledné slová, Ježiš bol úplne vyčerpaný. V tomto stave Ježiš zvolal mocným hlasom: „Otče, do Tvojich rúk porúčam svojho ducha."

A Ježiš zvolal mocným hlasom: „Otče, do tvojich rúk porúčam svojho ducha." Po tých slovách vydýchol. (Lk 23, 46)

Môžete si všimnúť, že Ježiš nazýva Boha „Otcom" namiesto

„Môj Boh." To znamená, že Ježiš práve dokončil Jeho poslanie zmiernej obety.

Ježiš odovzdal svojho ducha a dušu Bohu

Prečo Ježiš, ktorý prišiel na zem ako náš Spasiteľ, odovzdáva svojho ducha a dušu do Otcových rúk? Človek je zložený z ducha, duše a tela (1 Tes 5, 23). Keď človek zomrie, duch a duša opustí telo. Ak je Božím dieťaťom jeho duch a duša sa vrátia späť k Bohu. V opačnom prípade pôjde jeho duch a duša do pekla (Lk 16, 19-31). Jeho telo je pochované a vracia sa do prachu.

Ježiš, Boží Syn, sa stal človekom a prišiel na tento svet. Mal ducha, dušu a telo ako my. Keďže bol ukrižovaný, Jeho telo zomrelo, ale nie Jeho duch a duša; On odovzdal ducha a dušu do rúk Božích.

Keď zomriete, Boh prijíma aj vášho ducha aj dušu. Ak by Boh prijal len ducha, ale nie dušu, nikdy by ste v nebi nezažili skutočné šťastie alebo by ste neboli vďační z hĺbky svojho srdca. Prečo? Nepamätali by ste si veci, ktoré vychádzajú z duše, ako sú slzy, smútok, utrpenie a ďalšie veci, ktoré ste znášali na tejto zemi. To je dôvod, prečo Boh prijíma ducha a dušu.

Prečo teda Ježiš odovzdal svojho ducha a dušu Bohu? Je to preto, že Boh je Stvoriteľ, ktorý vládne nad všetkým vo vesmíre a stará sa o váš život, smrť, prekliatie a požehnanie. To znamená, že všetko patrí Bohu a pod Jeho zvrchovanosť. Boh je jediný, kto odpovie na vaše modlitby. Preto sa Ježiš musel modliť, aby Bohu Otcovi odovzdal svojho ducha a dušu (Mt 10, 29-31).

Ježiš sa modlil nahlas

Prečo sa Ježiš modlí nahlas, aj keď bol uprostred veľkého utrpenia, hovoriac: „Otče, do Tvojich rúk porúčam svojho ducha?"

To bolo preto, lebo chcel, aby ľudia počuli a vedeli, že volanie v modlitbe je Božia vôľa. Jeho modlitba za odovzdanie ducha Bohu bola tak úprimná, ako bola Jeho modlitba v Getsemanskej záhrade krátko pred Jeho zatknutím.

Taktiež Ježišova modlitba: „Otče, do Tvojich rúk porúčam svojho ducha" dokazuje, že Ježiš splnil všetko podľa Božej vôle. To znamená, že teraz mohol hrdo odovzdať ducha Bohu po tom, čo dokončil Jeho dielo v plnej poslušnosti k Bohu. Apoštol Pavol vyznal:

> Dobrý boj som bojoval, beh som dokončil, vieru som zachoval. Už mám pripravený veniec spravodlivosti, ktorý mi v onen deň dá Pán, spravodlivý sudca; a nielen mne, ale aj všetkým, čo milujú jeho príchod. (2 Tim 4, 7-8).

Mučeník Štefan tiež žil podľa Božej vôle a udržiaval si vieru. Preto sa mohol takto modliť: „Pane Ježišu, prijmi môjho ducha," a poslednýkrát vydýchol (Sk 7, 59). Apoštol Pavol a Štefan by sa nemohli modliť týmto spôsobom, ak by viedli svetský život v snahe dosiahnuť potešenie plynúce z hriešnej prirodzenosti.

Podobne môžete hrdo povedať: „Je dokonané" a „Otče, do

Tvojich rúk porúčam svojho ducha," ako to robil Ježiš, keď ste žili len podľa vôle Boha Otca.

Čo sa stalo po Ježišovej smrti?

Ježiš zomrel na kríži po hlasnom vyslovení Jeho posledných slov. To bolo o deviatej hodine (o tretej hodine popoludní). I keď to bol deň, nastala tma po celej zemi od šiestej hodiny (poludnie), do deviatej hodiny a chrámová opona sa roztrhla vo dvoje (Lk 23, 44-45).

A hľa, chrámová opona sa roztrhla vo dvoje odvrchu až dospodku. Zem sa triasla a skaly sa pukali. Otvorili sa hroby a mnohé telá zosnulých svätých vstali z mŕtvych. Vyšli z hrobov a po jeho vzkriesení prišli do svätého mesta a ukázali sa mnohým. (Mt 27, 51-53)

Vo výraze „chrámová opona sa roztrhla vo dvoje odvrchu až dospodku" je dôležitý duchovný význam. Dlhá opona v cháme rozdeľovala svätyňu od svätyne svätých. Nikto nemohol vstúpiť do svätyne okrem kňaza a len veľkňaz mohol raz za rok vstúpiť do svätyne svätých.

Roztrhnutie chrámovej opony naznačuje, že Ježiš ponúkol seba ako dar na uzmierenie, aby zničil múry hriechov. Predtým, ako sa opona roztrhla vo dvoje, veľkňaz v mene ľudí ponúkol uzmierenie za hriechy a sprostredkoval ich Bohu.

Môžete mať priamy vzťah s Bohom, pretože múry hriechov boli Ježišovou smrťou zbúrané. To znamená, že každý, kto verí v

Ježiša Krista, môže vstúpiť do svätyne, uctievať a modliť sa k Bohu bez sprostredkovania veľkňazmi a prorokmi.

Preto autor Listu Hebrejom hovorí: *„A keď máme, bratia, smelú dôveru, že vojdeme do Svätyne skrze Ježišovu krv, tou novou a živou cestou, ktorú nám otvoril cez oponu, to jest cez svoje telo"* (Hebr 10, 19-20).

Okrem toho, zem sa triasla a skaly pukali. Všetky tieto neprirodzené udalosti vám hovoria, že celá príroda na tomto svete bola otrasená. Išlo o vyjadrenie Božieho smútku spôsobeného ľudskou zlobou. Boh takto vyjadril, že bol hlboko zranený, pretože ľudské srdce bolo príliš tvrdé, aby prijalo Ježiša Krista, aj keď dal svojho jediného Syna, aby ich zachránil.

Hroby sa otvorili a telá mnohých svätých ľudí, ktorí zomreli, boli vzkriesené k životu. Je to dôkaz vzkriesenia v tom, že každému, kto verí v Ježiša Krista, je odpustené a žije znovu.

Preto dúfam, že chápete duchovný význam a lásku Pána v Jeho posledných siedmich slovách na kríži, aby ste mohli viesť víťazný kresťanský život s túžobným očakávaním Pánovho príchodu tak, ako predkovia viery.

Kapitola 8

PRAVÁ VIERA A VEČNÝ ŽIVOT

- Aké je to hlboké tajomstvo!
- Falošné vyznania nevedú k spáse
- Telo a krv Syna Človeka
- Odpustenie len kráčaním vo svelte
- Viera sprevádzaná skutkami je pravá viera

„Kto je moje telo a pije moju krv, má večný život a ja ho vzkriesim v posledný deň. Lebo moje telo je pravý pokrm a moja krv je pravý nápoj. Kto je moje telo a pije moju krv, ostáva vo mne a ja v ňom. Ako mňa poslal živý Otec a ja žijem z Otca, aj ten, čo mňa je, bude žiť zo mňa."

Jn 6, 54 - 57

Konečným cieľom viery v Ježiša Krista a účasti na svätej omši, má byť spasenie a získanie večného života. Avšak mnoho ľudí si myslí, že budú spasení iba tým, že v nedeľu chodia do kostola a hovoria, že veria v Ježiša Krista bez toho, aby žili podľa Božieho Slova.

Samozrejme, ako je v Gal 2, 16 napísané: *„vieme, že človek nie je ospravedlnený zo skutkov podľa zákona, ale iba skrze vieru v Ježiša Krista. Aj my sme uverili v Krista Ježiša, aby sme boli ospravedlnení z viery v Krista, a nie zo skutkov podľa zákona, lebo zo skutkov podľa zákona nebude ospravedlnený nijaký človek.* " nie je možné vojsť do neba alebo byť ospravedlnený len tým, že zvonku pozorujete zákon, obzvlášť, keď je vaše srdce plné zla. S Ježišom Kristom nemáte žiadny vzťah, ak budete naďalej páchať hriechy a nebudete nasledovať Božie Slovo ani po tom, čo ste sa ho naučili.

Preto je potrebné si uvedomiť, že je ťažké, aby ste boli spasení len tým, že perami vyznávate svoju vieru. Krv Ježiša Krista vás očisťuje od hriechov, aby ste boli spasení len v prípade, že kráčate vo svetle a žijete v pravde. Mali by ste mať pravú vieru sprevádzanú skutkami (1 Jn 1, 5-7).

Teraz, podrobne pouvažujme o tom, ako mať pravú vieru, aby ste mohli prijať celé spasenie a večný život ako skutočné Božie deti.

Aké je to hlboké tajomstvo!

V Ef 5, 31-32 je napísané: *„Preto muž zanechá otca i matku a pripúta sa k svojej manželke a budú dvaja v jednom tele. Toto tajomstvo je veľké; ja hovorím o Kristovi a Cirkvi.“*

Je logické, že ľudia opúšťajú svojich rodičov, a keď dospejú, pripútavajú sa k manželovi alebo k manželke. Prečo teda Boh povedal, že je to veľkým tajomstvom? Ak by ste interpretovali tento verš doslovne, nevedeli by ste, čo to „veľké tajomstvo“ je. Ak si však uvedomíte duchovný zmysel v ňom ukrytý, budete naplnení radosťou.

„Cirkev“ tu odkazuje na Božie deti, ktoré prijali Ducha Svätého. Presnejšie, Boh prirovnáva vzťah medzi Ježišom Kristom a veriacimi ku vzťahu medzi zjednoteným mužom a ženou.

Ako môžete odísť z tohto sveta a zjednotiť sa so svojím ženíchom Ježišom Kristom?

Ak prijmete Ježiša Krista s vierou

Keď prvý človek Adam spáchal hriech neposlušnosti k Bohu, hriech prišiel na tento svet. Všetci jeho potomkovia sa stali otrokmi hriechu a deťmi nepriateľa diabla, ktorý vládne nad týmto svetom.

Predtým, ako ste prijali Ježiša Krista, patrili ste tomuto svetu a nepriateľovi diablovi, ktorý vládne svetu tmy. Toto bolo potvrdené v Jn 8, 44, ktorý znie: *„Vaším otcom je diabol a vy chcete plniť túžby svojho otca. On bol vrah od počiatku a* *nezotrval v pravde, lebo v ňom pravdy niet. Keď luhá, hovorí zo seba, lebo je luhár a otec lži.* " a 1 Jn 3, 8, ktorý hovorí: *„Kto pácha hriech, je z diabla, pretože diabol hreší od počiatku. A Boží Syn sa zjavil preto, aby zmaril diablove skutky.*"

Keď však prijmete Ježiša Krista za svojho Spasiteľa a prídete k svetlu, dostanete moc Božieho dieťaťa a budete oslobodení od hriechov, pretože hriechy sú odpustené skrze krv Ježiša Krista.

Ak veríte, že Ježiš Kristus vás vykúpil z hriechov tým, že niesol svoj kríž, Boh vám dá Ducha Svätého ako dar a Duch Svätý zrodí vo vašom srdci ducha. Duch Svätý vám hovorí a učí vás Božiu vôľu, aby ste boli dobrí a žili v pravde.

Potom sa stanete Božími deťmi vedenými Božím Duchom, ktorým voláte „Abba Otče" (Rim 8, 14-15), a dedičmi nebeského kráľovstva.

Aké krásne a tajomné je to, že deti diabla, ktoré kedysi museli upadnúť do večnej smrti, stali sa Božími deťmi, ktoré sú teraz skrze vieru vedené do neba!

Keď ste spojení s Ježišom Kristom vierou v Neho, Duch Svätý vstupuje do vášho srdca a spája sa so semenom života. Boh stvoril prvého človeka z prachu a vdýchol mu do nozdier dych života. Dych života je semeno života, život sám. Preto nemôže nikdy umrieť a prechádza z jednej generácie na druhú cez spermie a vajíčka ľudí.

Toto semeno života je zabalené do srdca. Po tom, čo Boh stvoril Adama, do srdca mu zasadil poznanie života, poznanie ducha. Tak, ako sa novonarodené dieťa musí naučiť poznatky tohto sveta, aby bolo kultúrnym a charakterným človekom a žilo ako ľudská bytosť, živá bytosť potrebuje poznanie života, aby sa stala skutočnou živou bytosťou, aj keď už je sama životom. Adam bol naplnený iba vedomosťami ducha, menovite pravdou. Avšak po tom, čo neuposlúchol Boha, komunikácia s Bohom bola prerušená. Potom začal strácať vedomosti ducha, kúsok po kúsku, a v jeho srdci zaujala miesto nepravda.

Od tej doby srdce, ktoré bolo naplnené len pravdou, naplnilo sa dvomi časťami: pravdou a nepravdou. Napríklad, Adam mal v srdci lásku, ale nepriateľ diabol mu doň zasadil nepravdu, nazývanú nenávisť. Výsledkom je, ako môžete vidieť v Gn 4, Kain, ktorého Adam splodil po tom, čo spáchal hriech. Kain zabil zo závisti a žiarlivosti svojho brata Ábela.

S postupom času sa začala v srdci rozvíjať ďalšia časť, ktorá bola plná pravdy a nepravdy. Táto časť sa nazýva „podstata." Po svojich rodičoch ste zdedili vlastnosti a črty. Všetko, čo vidíte, počujete a naučíte sa spolu so svojimi pocitmi, ukladáte vo vašej mysli. V snahe nájsť pravdu, tvoria tieto dve skutočnosti „podstatu."

Táto podstata je často nazývaná „svedomie" a vzniká veľmi rozdielne v závislosti od druhu ľudí, ktorých stretnete, aké knihy čítate a od druhu okolností, v ktorých ste vyrastali. Napríklad, pri pohľade na rovnakú udalosť alebo osobu, niektorí povedia: „To je zlé," zatiaľ čo iní môžu povedať: „To je dobré" alebo „To patrí k dobru."

Preto, keď analyzujete srdca človeka, nájdete tam pravdivé časti, ktoré patria Bohu, nepravdivé časti, ktoré boli dané Satanom a podstatu človeka vytvorenú ako výsledok týchto dvoch častí.

Duch Svätý spojený v srdci so semenom života

V Adamovom prípade obalili tieto tri časti semeno života, ktorý bolo Bohom vložené do jeho srdca. Tento stav nastal vtedy, keď sa naplnilo Božie Slovo „Iste zomrieš" po tom, čo Adam jedol zo stromu poznania dobra a zla. Aj keď tam semeno života je, ale nevykonáva svoju činnosť, ničím sa nelíši od mŕtveho semena.

Napríklad, keď na poli zasejete semená, nie všetky semená vyklíčia, pretože niektoré z nich sú už mŕtve. Avšak, ak sú semená nažive, určite vyklíčia.

Je to rovnaké s ľuďmi. Ak je zárodok života, ktorý dal Boh, úplne mŕtvy, nemôže ožiť a nie je potrebné, aby Boh pripravil Ježiša Krista na spásu človeka, alebo aby stvoril nebo a peklo.

Avšak semeno života dané človeku, keď mu Boh vdýchol dych života, je večné. Keď počúvate evanjelium, semeno života ožíva, pravdivá časť vo vašom srdci rastie, a teda môžete ľahšie prijať evanjelium. Ten, kto počúva posolstvo kríža a prijíma Ježiša Krista, dostáva Ducha Svätého. Vtedy sa semeno života vo vašom srdci zjednotí s Duchom Svätým.

Naopak, ľudia so svedomím spáleným ako horúcim železom, nemajú priestor pre vstup evanjelia, pretože srdce nepravdy úplne obaľuje a ukrýva semeno života v ich srdciach. Semeno života, ktoré je v štádiu smrti, získa moc vykonávať svoju funkciu, ak sa spojí s veľkou Božou mocou, s Duchom Svätým.

Stať sa duchovným človekom

Keď sa zúčastňujete bohoslužieb, uvedomujete si Božie Slovo a modlíte sa, zostúpi na vás Božia milosť a silná moc a umožní vám nasledovať podstatu Ducha Svätého.

Prostredníctvom tohto procesu, keď sa vaše srdce stáva stále viac a viac pravdivejším odstraňovaním nepravdy a napĺňaním sa pravdou, vaše srdce a duša sa spoja v jedno. Ak je srdce človeka úplne naplnené poznaním ducha a pravdy, to srdce je duchom samým takisto, ako bol prvý človek Adam.

Dokonca, aj keď vyzeráte byť verní, ak sa nemodlíte, konáte podľa svojej prirodzenosti. Duch Svätý vo vás nemôže zrodiť ducha a naďalej ste človekom z mäsa. Navyše nemôžete nasledovať podstatu Ducha Svätého, ak nepremôžete svoje vlastné myšlienky a argumenty, aj keď sa modlíte veľmi usilovne alebo veľmi dlhú dobu. Preto nemôžete byť premenení na duchovného človeka.

Duch Svätý vám umožňuje premýšľať podľa pravdy vo vašom srdci. To znamená, že žijete podľa želaní Ducha Svätého. V súlade s tým, Satan pracuje rovnakým spôsobom, aby vás zviedol na cestu smrti. Láka vás, aby ste nasledovali telesné myšlienky do takej miery, do akej ešte stále máte nepravdu vo svojom srdci.

Preto sa musíte zbaviť aj telesných myšlienok aj pokrytectva, ako je napísané v 2 Kor 10, 5: *„Boríme výmysly a každú pýchu, čo sa dvíha proti poznaniu Boha. Pútame každú myseľ, aby bola poslušná Kristovi. "*

Keď poslúchate Božie Slovo a hovoríte: „Áno" a postupujte podľa želania Ducha Svätého, môže byť vaše srdce naplnené len pravdou, a potom sa môžete stať dokonale očisteným duchovným človekom.

Môžete dostať všetko, o čo prosíte

Stanete sa s Pánom jedno, keď odhodíte všetky nepravdy, zlomíte „pokrytectvo" tým, že Duchom Svätým zrodíte ducha a urobíte vaše srdce tak čisté, ako je srdce vášho Pána Ježiša Krista.

Muž a žena sa stávajú jedným telom a zjednotením spermie a vajíčka splodia dieťa. Rovnako, keď odídete z tohto sveta a stanete sa jedno s Ježišom Kristom, vaším ženíchom, tým, že Ho prijmete, Duchom Svätým zrodíte ducha a dostanete hojné požehnanie ako Božie dieťa.

Ako je napísané v Rim 12, 3, sú tam stupne viery a vy dostanete odpovede v súlade s týmito stupňami. V 1 Jn 2, 12 a v ďalších veršoch je rast viery porovnaný s procesom rastu ľudskej bytosti.

Tí, ktorí prijali Ježiša Krista, dostanú Ducha Svätého a sú zachránení, majú vieru malých detí (1 Jn 2, 12). Tí, ktorí sa snažia uplatniť pravdu v praxi, majú vieru detí (1 Jn 2, 13). Keď vyrastú z tejto fázy a uplatnia pravdu v skutkoch, majú vieru mladých ľudí (1 Jn 2, 13). Ak vyrastú ešte viac, majú vieru otcov (1 Jn 2, 13).

Keď v Starom zákone čítate o Jóbovi, Boh vedel, že bol bezúhonným a priamym mužom, ale keď ho Satan napádal, Boh dovolil Satanovi, aby Jóba skúšal. Spočiatku Jób trval na tom, že bol spravodlivý. Avšak, keď bolo zlo v jeho povahe vystavené skúške, čoskoro si uvedomil svoju svojvôľu a kajal sa pred Bohom. Jóbovo pokrytectvo bolo zlomené a jeho srdce sa stalo spravodlivým a čistým v Božích očiach. Až potom mu mohol Boh požehnať dvakrát tak hojne ako predtým.

Rovnako, ak dosiahnete stupeň viery otcov, čo je najvyšším stupňom viery, tým, že zlomíte svoje vlastné pokrytectvo a stanete sa jedno s Pánom, môžete získať pretekajúce požehnanie ako Božie dieťa. To je to, čo vám Boh sľúbil v 1 Jn 3, 21-22: *„Milovaní, ak nám srdce nič nevyčíta, máme dôveru k Bohu a dostaneme od neho všetko, o čo len budeme prosiť, lebo zachovávame jeho prikázania a robíme, čo sa jemu páči."*

Môžete sa tešiť z požehnaní Božieho dieťaťa

Týmto spôsobom sa stanete jedno s Ježišom Kristom do tej miery, že sa stanete duchovnými. Taktiež dostanete požehnanie stať sa jedným s Bohom do takej miery, do akej splníte Božiu spravodlivosť.

Ježiš vám v Jn 15, 7 sľúbil, že: *„Ak ostanete vo mne a moje slová ostanú vo vás, proste, o čo chcete, a splní sa vám to."* V Jn 17, 21 nám tiež povedal: *„aby všetci boli jedno, ako ty, Otče vo mne a ja v tebe, aby aj oni boli v nás, aby svet uveril, že si ma ty poslal."*

Podobne, ak ste zjednotení s Bohom tým, že odídete z tohto sveta, ktorý je ovládaný diablovou mocou temnoty, stanete sa jedno s vaším Bohom Otcom. O tomto hovorí Gal 4, 4-7 takto:

Ale keď prišla plnosť času, Boh poslal svojho Syna, narodeného zo ženy, narodeného pod zákonom, aby vykúpil tých, čo boli pod zákonom, a aby sme dostali adoptívne synovstvo. Pretože ste synmi, poslal Boh do našich sŕdc Ducha svojho Syna a on volá: „Abba, Otče!" A tak už nie si otrok, ale syn; a keď syn, tak skrze Boha aj dedič.

Rovnako, ako ľudia dedia majetok po svojich rodičoch, aj vy zdedíte Božie kráľovstvo, keď sa prijatím Ježiša Krista stanete Jeho dieťaťom. To znamená, že deti diabla zdedia od diabla peklo a Božie deti zdedia od Boha nebo.

Avšak musíte si uvedomiť, že tí, ktorí nezrodia ducha s Duchom Svätým, musia ísť do pekla, pretože nebo je čisté miesto naplnené len pravdou, a to do takej miery, že váš duch tam prosperuje a stane sa jedno s Bohom, v nebi dostanete slávu prebývať bližšie k Bohu.

Preto dúfam, že dostanete požehnanie večného života tým, že prijmete Ježiša Krista, svojho ženícha a stanete sa jedno s Pánom Ježišom a Bohom Otcom, tým že odhodíte celú nepravdu a zbavíte sa pokrytectva. Týmto spôsobom môžete dať Bohu všetku slávu.

Falošné vyznania nevedú k spáse

Ježiš Kristus sa stáva vaším pravým ženíchom, ktorý vás vedie na cestu večného života a požehnania, keď ste s Ním zjednotení skrze vieru. Ak sa vaše srdce podobá na srdce Ježiša Krista, vášho ženícha, a dosiahli ste dokonalú vieru, nielenže zdedíte nebeské kráľovstvo, ale tiež budete žiariť ako slnko v nebi.

Keď budete čítať Bibliu pozorne, tak zistíte, že niektorí ľudia, ktorí tvrdia, že veria v Boha, nie sú zachránení. V Mt 25 je podobenstvo o desiatich pannách. Piatim múdrym pannám, ktoré si pripravili olej, sa podarilo zachrániť, ale zvyšných päť múdrych panien nebolo zachránených.

Podobne, Boh vám v Biblii jasne hovorí, kto môže a kto nemôže byť zachránený, i keď každý z nich tvrdí, že verí. Tak potom budete vedieť, aký život musíte žiť, aby ste boli spasení.

V Mt 7, 21 jasne hovorí: *„Nie každý, kto mi hovorí: ,Pane, Pane,' vojde do nebeského kráľovstva, ale iba ten, kto plní vôľu môjho Otca, ktorý je na nebesiach."* Ak budete Ježiša volať: ,Pane, Pane,' znamená to, že veríte, že Ježiš je Kristus. Nemôžete byť však spasení len tým, že voláte meno Pánovo a zúčastňujete sa nedeľnej svätej omše.

Tí, čo konajú zlo, nemôžu byť spasení

Boh vám v Mt 13, 40-42 hovorí o poslednom súde:

Ako teda zbierajú kúkoľ a pália v ohni, tak bude aj na konci sveta: Syn človeka pošle svojich anjelov a vyzbierajú z jeho kráľovstva všetky pohoršenia a tých, čo pášu neprávosť, a hodia ich do ohnivej pece. Tam bude plač a škrípanie zubami.

Ak poľnohospodár zbiera úrodu, pšenicu zhromaždí do stodoly, ale plevy spáli v ohni. Rovnakým spôsobom, Boh vám hovorí, že tí, ktorí nie sú v Božích očiach spravodliví, musia čeliť trestu.

„Všetky pohoršenia" znamenajú všetkých tých, ktorí tvrdia, že veria v Boha, ale pokúšajú bratov a sestry vo viere a spôsobujú, že stratia vieru. Preto, ak spôsobíte, že ľudia budú hrešiť a páchať zlo, nebudete spasení.

Čo je teda zlo? 1 Jn 3, 4 hovorí, že: *„Každý, kto pácha hriech, pácha aj bezprávie, lebo hriech je bezprávie. "*

Tak ako má každá krajina svoj vlastný zväzok zákonov, aj v Božom kráľovstve je duchovný zákon. Zákon duchovnej oblasti je Božie Slovo napísané v Biblii. Každý, kto poruší Božie Slovo, je odsúdený rovnakým spôsobom ako ten, čo poruší zákon a je stíhaný podľa zákona. Z tohto dôvodu porušiť Božie Slovo je zlo a hriech.

Boží zákon je z veľkej časti rozdelený do štyroch kategórií: „Čo robiť," „čo nerobiť," „čo dodržiavať" a „čoho sa zbaviť." Pretože Boh je svetlo, hovorí svojim deťom čo je správne, čo nerobiť, čo je zlé, plniť povinnosti Božích detí a zbaviť sa toho, čo Boh nenávidí, pretože chce, aby Jeho deti žili vo svetle.

V Dt 10, 12-13 nás Boh vyzýva: *„A teraz, Izrael, čo žiada od teba Pán, tvoj Boh, ak nie to, aby si sa bál Pána, svojho Boha, aby si kráčal po všetkých jeho cestách, aby si ho miloval a slúžil Pánovi, svojmu Bohu, celým svojím srdcom a celou svojou dušou, aby si zachoval Pánove príkazy a zákony, ktoré ti ja dnes prikazujem, aby ti bolo dobre!"* Na jednej strane, ak premeníte Božie Slovo na skutky, dostanete požehnanie. Na druhej strane, ak nebudete žiť podľa Jeho Slova, dostanete kvôli zlu a hriechom večnú smrť.

Gal 5, 19-21 popisuje skutky tela:

A skutky tela sú zjavné: je to smilstvo, nečistota, chlipnosť, modloslužba, čary, nepriateľstvá, sváry, žiarlivosť, hnevy, zvady, rozbroje, rozkoly, závisť, opilstvo, hýrenie a im podobné. O tomto vám vopred hovorím, ako som už povedal, že tí, čo robia takéto veci, nedosiahnu Božie kráľovstvo.

„Smilstvo" sa vzťahuje na všetky druhy sexuálnej nečistoty a nezostať cudným, vrátane sexuálneho vzťahu pred zákonným manželstvom. „Nečistota" tu znamená výtržnícke činy mimo zdravý rozum, vyplývajúce z hriešnej prirodzenosti.

„Chlípnosť" je, keď vždy nasledujete vašu hriešnu, sexuálnu nemorálnosť a žijete cudzoložnými slovami a skutkami.

„Modloslužba" je uctievanie objektov, ktoré sú vyrobené zo zlata, striebra, bronzu alebo iných látok, alebo ak niečo milujete viac ako Boha.

„Čarodejníctvo" je zlákať niekoho prefíkanými klamstvami. „Nepriateľstvo" je mať túžbu zničiť ostatných ľudí v nepriateľstve, čo je opakom lásky. „Sváry" znamenajú skutky hľadania vlastných výhod a moci. „Žiarlivosť" je nenávidieť inú osobu, pretože cítite, že je lepšia než vy. „Hnevy" neznamená iba byť nahnevaný, ale aj spôsobovať ujmu iným ľuďom kvôli extrémnej zlosti.

„Zvady" odkazujú na vytváranie skupín alebo odvetví a nasledovanie diel Satana, pretože nesúhlasíte s ostatnými. „Rozbroje" znamenajú vytvorenie skupiny a oddeľovanie sa nasledujúc svoje vlastné myšlienky a nie myšlienky Ducha Svätého. „Rozkoly" sa vzťahujú k popieraniu Božej Trojice a Ježiša, ktorý sa stal telom, prelial svoju krv, aby vykúpil ľudí a stal sa Kristom.

„Závisť" je škodiť alebo vykonávať škodlivé skutky niekomu kvôli žiarlivosti. „Opilstvo" je požívanie alkoholu, a „Hýrenie" znamená nielen opíjanie sa, nestriedmy život a nedostatok kontroly, ale tiež nedôkladne plnenie povinností manžela alebo rodiča.

Okrem toho „a im podobné" znamená, že je mnoho hriešnych činov podobných týmto a tí, ktorí tieto činy vykonávajú, nebudú spasení.

Hriechy, ktoré vedú k smrti a hriechy, ktoré k nej nevedú

Na tomto svete je „hriech" považovaný za „hriech," keď je jeho výsledok zrejmý a fyzické poškodenie inej strany je podporené presvedčivým dôkazom. Avšak Boh, ktorý je Svetlo, nám hovorí, že nielen hriešne činy, ale aj celá temnota, ktoré sú proti svetlu, sú hriechom.

Aj keď nie sú zobrazené alebo dosvedčené, všetky hriešne túžby vo vašom srdci, ako je nenávisť, závisť, žiarlivosť, chtíč, súdenie ostatných, odsudzovanie, bezcitnosť a nečestná myseľ, sú tiež zlom a hriechmi.

To je dôvod, prečo nám Boh hovorí: „*No ja vám hovorím: Každý, kto na ženu hľadí žiadostivo, už s ňou scudzoložil vo svojom srdci.* " (Mt 5, 28) a: „*Každý, kto nenávidí svojho brata, je vrah. A viete, že ani jeden vrah nemá v sebe večný život.*" (1 Jn 3, 15). Okrem toho, v Rim 14, 23 hovorí: *„Ale kto je, hoci má pochybnosti, je odsúdený, lebo to nebolo z viery; a všetko, čo nie je z viery, je hriech.*", a Jak 4, 17 hovorí, že: *„Kto teda vie dobre robiť a nerobí, má hriech.*" Preto je potrebné si uvedomiť, že nerobiť to, čo Boh chce a prikazuje, je hriech a zločin.

Avšak, zomrú všetci ľudia, ak sa dopustia týchto hriechov? Musíte si uvedomiť, že je to život vo viere, ak ten, čo kedysi klamal, bude sa modliť a snažiť, aby sa stal spravodlivým človekom. Aj keď ešte neodhodili všetky nečestnosti zo svojich sŕdc kvôli slabej viere, nie je pravda, že nebudú spasení kvôli tomuto hriechu.

1 Jn 5, 16-17 nám hovorí: *„Keď niekto vidí, že jeho brat pácha hriech, ktorý nevedie k smrti, nech prosí a Boh mu dá život, totiž tým, čo páchajú hriech, ktorý nevedie k smrti. Je aj hriech, ktorý vedie k smrti; o takom nehovorím, že sa treba zaň modliť. Každá neprávosť je hriechom, ale je aj hriech, ktorý nevedie k smrti.*"

Hriechy sú všeobecne rozdelené do dvoch kategórií: tie, ktoré vedú k smrti a tie, ktoré k smrti nevedú. Tí, ktorí páchajú hriechy, ktoré nevedú k smrti, môžu byť spasení, ak ich budete podporovať, modliť sa za nich a pomôžete im hriechy oľutovať. Napriek tomu, ak sa niekto dopustí hriechov, ktoré vedú k smrti, nemôže byť spasený, aj keď sa za neho budete modliť.

Ľudia považovaní za čestných niekedy klamú kvôli vlastným výhodám alebo konajú mnoho nečestných skutkov, ak skutky sami o sebe neškodia iným ľuďom. Keď si uvedomíte pravdu, prídete na to, že ste hriešnici, aj keď ste si mysleli, že ste žili spravodlivý život predtým, ako ste uverili v Boha. Boh vám ukáže nielen hriechy, ktoré možno vidieť, ale aj zlé myšlienky vo vašom srdci, ktoré sú tiež hriechmi.

Všetky chyby sú hriechy a odplata za hriech je smrť. Avšak, Ježiš Kristus odpustil všetky hriechy v minulosti, v prítomnosti a v budúcnosti tým, že vylial Jeho krv na kríži. Sú hriechy, ktoré môžu byť odpustené mocou Ježišovej krvi, keď konáte pokánie a odvrátite sa od nich. To sú hriechy, ktoré nevedú k smrti.

Ak sa nekajáte, ale ďalej hrešíte, bude vaše svedomie zatvrdnuté. A nakoniec, nebudete môcť prijať ducha pokánia, ak spáchate hriech, ktorý vedie k smrti. Preto vaše hriechy nemôžu byť odpustené, ani keď sa budete kajať.

Teraz sa pozrime na tri druhy hriechov, ktoré vedú k smrti: rúhanie sa Duchu, opakovane vystavovať Božieho Syna verejnej hanbe a hrešiť dobrovoľne.

Rúhanie sa Duchu Svätému

K dispozícii sú tri veci v rúhaní sa Duchu Svätému. Rúhanie sa Duchu Svätému spáchate, keď hovoríte proti Duchu Svätému, keď ste proti práci Ducha Svätého, a keď zneucťujete Ducha Svätého.

Preto vám hovorím: Ľuďom sa odpustí každý hriech i rúhanie, ale rúhanie proti Duchu sa neodpustí. Ak niekto povie niečo proti Synovi človeka, odpustí sa mu to. Kto by však povedal niečo proti Duchu Svätému,

*tomu sa neodpustí ani v tomto veku ani v budúcom. (Mt
12, 31-32)*

*Ak niekto povie niečo proti Synovi človeka, odpustí sa
mu to. Kto by sa však rúhal Duchu Svätému, tomu sa
neodpustí.(Lk 12, 10)*

Po prvé, „hovoriť proti ostatným" je ohovárať a zabraňovať
ich dielam. „Keď hovoríme proti Duchu Svätému" je pokúsiť sa
zabrániť uskutočneniu Božieho kráľovstva tým, že zabránite
dielam Ducha Svätého na základe vlastnej vôle a myšlienok.
Napríklad, hovoriť proti Duchu Svätému je to, keď ste proti
Božiemu dielu, pretože sa to nezhoduje s vašimi vlastnými
myšlienkami, aj keď je to práca Ducha Svätého.

Ak odsúdite Božieho služobníka ako kacíra, keď v
skutočnosti nie je a zabránite dielam Ducha Svätého, je to pred
Bohom taký veľký hriech, že vám nemôže byť odpustený. Preto
musíte byť schopní podľa pravdy rozlišovať medzi duchmi.

Samozrejme, musíte vážne varovať ľudí a nesmiete dovoliť ich
správanie, ak sa snažia, aby ostatní prijali zlého ducha alebo sú v
Božích očiach skutočnými kacírmi. Tít 3, 10 hovorí: *„Bludárovi
sa po prvom a druhom napomenutí vyhýbaj. "*

Dnes mnoho ľudí odsudzuje niektoré kostoly ako kacírske
alebo dokonca ich aj prenasleduje mnohými spôsobmi, keďže
uznávajú Najsvätejšiu Trojicu a sú sprevádzané dielami Ducha
Svätého, lebo títo ľudia nie sú schopní rozlišovať medzi duchmi.
Aj keď tvrdia, že veria v Boha, nemajú dostatočné biblické
vedomosti o kacírstve. Niekedy dokonca ani nepoznajú definíciu

kacírstva.

V prípade prenasledovania iných ľudí kvôli nedostatku správnych vedomostí, ak ľudia činia pokánie a odvrátia sa, môže im byť odpustené. Avšak, ak narúšajú Božie skutky so zlým úmyslom a zo žiarlivosti, aj keď vedia, že je to dielo Ducha Svätého, nemôže im byť nikdy odpustené.

Takýto príklad nájdete v Biblii. V Mk 3, keď Ježiš vykonal zázračné znamenia a zázraky, tí, ktorí na neho žiarlili, šírili chýr, že bol šialený. Chýr sa rozšíril tak ďaleko, že jeho rodinní príslušníci, ktorí žili ďaleko, prišli, aby ho zobrali preč z verejnosti.

Učitelia zákona a farizeji kritizovali Ježiša hovoriac: *„Zákonníci, čo prišli z Jeruzalema, hovorili: ,Je posadnutý Belzebulom' a: ,Mocou kniežaťa zlých duchov vyháňa zlých duchov.'"* (Mk 3, 22). Mali dôkladné znalosti o Božom Slove. Poznali zákon veľmi dobre a vyučovali ho ľuďom, a aj naďalej pracovali proti Božím dielam kvôli žiarlivosti a závisti voči Ježišovi.

Po druhé, „byť proti činnosti Ducha Svätého" znamená postaviť sa proti hlasu Ducha Svätého, ktorý dal Boh, alebo súdiť a odsudzovať diela Ducha Svätého a snažiť sa ublížiť iným ľuďom.

Napríklad, hovoriť proti Duchu Svätému zahŕňa šírenie fám, falšovanie dokumentov, prehlásenie pastora alebo cirkvi, kde sú viditeľné diela Ducha Svätého, za „kacírskych," aby zabránili stretnutiam alebo zhromaždeniam duchovnej obnovy.

Čo teda znamená „Ktokoľvek povie slovo proti Synovi Človeka, bude mu odpustené?" „Syn Človeka" sa v tomto verši vzťahuje na Ježiša, ktorý prišiel ako človek predtým, ako bol ukrižovaný na kríži.

Hovoriť proti Synovi Človeka znamená neuposlúchuť Ježiša, spoznať a uznávať Ho len ako človeka, pretože prišiel v ľudskom tele. Neschopnosť uznať Ježiša za Spasiteľa vyplýva z nedostatku vedomostí. V tomto prípade vám bude odpustené a môžete byť spasení len vtedy, ak konáte dôkladné pokánie a prijmete Ho za Pána.

Preto, ak sa dopustíte takéhoto druhu hriechu bez toho, aby ste poznali pravdu alebo predtým, než prijmete Ducha Svätého, Boh vám znovu a znovu dáva šancu k pokániu a k odpusteniu.

Ak však neuposlúchnete Pána a pôsobíte proti Pánovi, aj keď presne viete, kto je Ježiš Kristus, musíte si uvedomiť, že vám nemôže byť nikdy odpustené, pretože je to rovnaké ako hovoriť proti Duchu Svätému a pôsobiť proti Duchu Svätému.

Po tretie, rúhanie sa tiež znamená hanobenie vecí, ktoré sú duchovné, sväté a čisté. Rúhanie sa Duchu Svätému znamená tiež **hanobenie Ducha Svätého,** Ducha Božieho a božstva Boha. Ak ohováratе diela Ducha Svätého hovoriac, že sú to diela Satana alebo ak trváte na tom, že niečo je dielom Ducha Svätého, keď tomu tak nie je, je to hriech hanobenia Božej večnej moci a božstva. Taktiež kázať pravdu ako nepravdu, vyhlasovať niečo, čo nie je pravda, ako keby to bola pravda, a odsudzovať to, čo je pravda, ako keby to bola lož, je „ rúhanie sa Duchu Svätému. "

V dávnych dobách, keď bol niekto prichytený pri slovách alebo skutkoch rúhania sa kráľovi, bolo to považované za zradu a bol vydaný na smrť.

Ak sa rúhate proti svätému božstvu Boha, ktorý je všemohúci a nemôže byť porovnávaný so žiadnym kráľom tohto sveta, nemôže vám byť nikdy odpustené.

Ježiš, ktorý bol vo svojej podstate Boh a prišiel na tento svet v ľudskom tele, neodsúdil nikoho. Ak by ste stále odsudzovali bratov a sestry a navyše hanobili diela vykonané Duchom Svätým, aký hrozný hriech by to bol! Ak stojíte v úcte a v bázni Božej, nikdy nemôžete brániť, hovoriť proti alebo hanobiť Ducha Svätého.

Preto si musíte uvedomiť, že tieto hriechy nemôžu byť nikdy odpustené ani v tomto veku ani v budúcom veku a vy by ste sa nikdy nemali dopustiť týchto hriechov. Aj keď ste sa predtým dopustili týchto hriechov, mali by ste hľadať Božiu milosť a konať pokánie celým vaším srdcom.

Vystavovať Božieho Syna verejnému posmechu

Znova ukrižovať Syna Božieho a vystavovať ho verejnému posmechu vedie k smrti, ako je popísané v Hebr 6.

Veď nie je možné, aby tí, čo už raz boli osvietení a okúsili nebeský dar, tí, čo sa stali účastníkmi Ducha Svätého, zakúsili dobré Božie slovo a sily budúceho veku, a potom odpadli, aby sa znova obnovili pokáním, pretože v sebe znova križujú Božieho Syna a vystavujú ho na posmech. (Hebr 6, 4-6)

Niektorí ľudia opúšťajú cirkev a Boha kvôli pokušeniam

tohto sveta a padnú do veľkého hanobenia Boha, aj keď prijali Ducha Svätého, vedia, že existuje nebo a peklo a veria v slovo pravdy. My hovoríme, že páchajú hriech opätovného ukrižovania Božieho Syna a Jeho vystavovania verejnému posmechu. Tento druh ľudí sa dopustí nielen mnohých hriechov riadených Satanom, ale tiež popierajú Boha a prenasledujú a ponižujú cirkev a veriacich.

Už odovzdali svoje svedomie Satanovi, a tak sú ich srdcia plné tmy.

Z tohto dôvodu nebudú vôbec chcieť konať pokánie a duch pokánia na nich nezostúpi. Nemajú žiadnu šancu k pokániu, a preto im nemôže byť nikdy odpustené.

Judáš Iškariotský spáchal tento hriech. Bol jedným z dvanástich Ježišových učeníkov. Bol svedkom mnohých znamení a zázrakov, ale stal sa chamtivým a predal Ježiša za tridsať strieborných. Neskôr bolo jeho svedomie zasiahnuté a on bol naplnený ľútosťou, ale duch pokánia na Judáša nezostúpil. Jeho hriech nemohol byť odpustený a nakoniec spáchal samovraždu, pretože jeho vina ho veľmi trápila (Mt 27, 3-5).

Dobrovoľne pokračovať v páchaní hriechov

Posledný hriech, ktorý vedie k smrti, je pokračovať v hrešení dobrovoľne po tom, čo ste prijali poznanie pravdy.

Lebo ak dobrovoľne hrešíme po prijatí poznania pravdy, potom už niet obety za hriechy, ale iba hrozné očakávanie súdu a žiara ohňa, ktorý strávi protivníkov.

(Hebr 10, 26-27)

„Dobrovoľne pokračovať v hrešení po prijatí poznania pravdy" znamená opakovať nezákonné veci, ktoré Boh neodpustí. Tiež to znamená pokračovať v hriechu vediac, že je to hriech, rovnako ako *„Prihodilo sa im to, čo hovorí pravdivé príslovie: Pes sa k tomu vrátil, čo vyvrátil a umyté prasa váľa sa v blate zasa."* (2 Pt 2, 22).

Na jednej strane, keď Dávid, ktorý veľmi miloval Boha, scudzoložil, zrodilo to mnoho hriechov a viedlo ho to k vražde jedného z jeho najvernejších vojakov. Avšak, keď prorok Natanael poukázal na jeho hriech, kráľ Dávid sa začal ihneď kajať.

Na druhej strane, kráľ Saul ďalej hrešil aj po tom, ako mu prorok Samuel ukázal jeho hriechy. Dávid činil pokánie a prijal Božie požehnanie, zatiaľ čo Saul bol opustený, pretože sa nekajal a ďalej hrešil.

Okrem toho, Balám bol prorok, ktorý mal moc požehnať a preklíať, ale keď robil kompromisy s týmto svetom, aby získal bohatstvo a slávu, čakal ho nešťastný koniec.

Na jednej strane, Duch Svätý sa v srdciach tých, ktorí sa zámerne dopúšťajú hriechov stráca, pretože Boh sa k nim obracia chrbtom. Tí potom strácajú vieru a konajú zlo a zlé skutky ovládané diablom. Nakoniec sa Duch Svätý z nich úplne stratí a oni nemôžu byť spasení, pretože nemôžu konať pokánie a ich mená budú vymazané z knihy života (Zjv 3, 5).

Na druhej strane, existujú ľudia, ktorí neustále páchajú hriechy, pretože spoznali Boha len cez vedomosti, ale v srdciach v Neho neveria. Ich hriechy môžu byť odpustené a môžu byť vedení na cestu spasenia, ak budú dôkladne a úprimne konať pokánie a budú mať pravú vieru.

Preto by ste mali vedieť, že nebudete spasení, ak sa vedome dopúšťate hriechov, konáte skutky podľa tela, aj keď ste možno kedysi boli osvietení, verili, že existuje nebo a peklo a zažili ste hojnú Božiu milosť.

Dúfam tiež, že plne pochopíte, že všetky hriechy sú bezprávne a temné a Boh ich nenávidí, aj keď niektoré z nich nevedú k smrti. Prosím vás, buďte múdrymi veriacimi, ktorí nepovolia alebo nespáchajú žiadny druh hriechu.

Telo a krv Syna Človeka

V záujme zachovania zdravého života je nutné konzumovať vhodné potraviny a nápoje. Rovnakým spôsobom, aby ste si udržali zdravého ducha a získali večný život, musíte jesť telo a piť krv Syna Človeka.

Teraz sa naučíte, čo je telo a krv Syna Človeka, a prečo je nutné jesť Jeho telo a piť Jeho krv, aby ste získali večný život, na základe nasledujúceho úryvku z Jn 6, 53-55:

Ježiš im povedal: „Veru, veru, hovorím vám: Ak nebudete jesť telo Syna človeka a piť jeho krv, nebudete mať v sebe život. Kto je moje telo a pije moju krv, má večný život a ja ho vzkriesim v posledný deň. Lebo moje telo je pravý pokrm a moja krv je pravý nápoj."

Čo je telo Syna Človeka?

V Biblii vám Ježiš hovorí tajomstvá neba a Božej vôle v mnohých podobenstvách. Pre ľudí žijúcich v tomto trojrozmernom svete, je veľmi ťažké pochopiť a uvedomiť si vôľu Boha, ktorý prebýva v štvor-a-viacrozmernom svete. Preto Ježiš prirovnal nebeské veci k neživým veciam, rastlinám, zvieratám a k životu na tomto svete, aby nám pomohol lepšie pochopiť Božiu vôľu.

To je dôvod, prečo je Ježiš, jediný Syn Boží, prirovnaný k skale a k hviezde, ktoré sú bezrozmerné, k jednorozmernej vínnej réve, k dvojrozmernému baránkovi a k Synovi človeka, ktorý je trojrozmerný.

Ježiš je nazývaný Syn Človeka, a tak telo Syna Človeka je telo Ježiša.

Jn 1, 1 nám hovorí, že: „*Na počiatku bolo Slovo a Slovo bolo u Boha a to Slovo bolo Boh.*" Jn 1, 14 poznamenáva, že: „*A Slovo sa telom stalo a prebývalo medzi nami. A my sme uvideli jeho slávu, slávu, akú má od Otca jednorodený Syn, plný milosti a pravdy.*"

Ježiš je ten, kto prišiel na tento svet v ľudskom tele ako Slovo Božie. Preto telo Syna Človeka je Božie Slovo, čo je pravda sama, a jesť telo Syna Človeka je naučiť sa Božie Slovo, ktoré je v Biblii.

Ako prijímať telo Syna Človeka

V Ex 12, 5 a v nasledujúcich veršoch je Ježiš zobrazený ako „Baránok":

Baránok musí byť bezchybný, ročný samček. Vyberiete si ho spomedzi oviec alebo kôz. A bude vo vašej opatere do štrnásteho dňa tohoto mesiaca, keď ho celá izraelská pospolitosť v podvečer zabije. I vezme sa z jeho krvi a namažú sa ňou obe veraje a vrchný prah dverí na domoch, v ktorých ho budú jesť.

Všeobecne platí, že veľa veriacich si myslí, že baránok odkazuje na nových veriacich, ale keď budete pozorne študovať Bibliu, Baránok je symbolom Ježiša.

Ján Krstiteľ pri pohľade na Ježiša, ktorý kráčal smerom k nemu, v Jn 1, 29 povedal: „*Hľa, Boží Baránok, ktorý sníma hriech sveta.*" A v 1 Pt 1, 18-19 apoštol Peter nazval Ježiša baránkom, hovoriac: „*Veď viete, že zo svojho márneho spôsobu života, zdedeného po otcoch, boli ste vykúpení nie porušiteľným striebrom alebo zlatom, ale drahou krvou Krista, bezúhonného a nepoškvrneného Baránka.*" Okrem týchto, aj mnohé ďalšie vyjadrenia prirovnali Ježiša k baránkovi.

Prečo Biblia prirovnáva Ježiša k baránkovi? Baránok je najmiernejší a najposlušnejší zo všetkých zvierat. Rozoznáva hlas svojho pastiera a počúva ho. Nikto iný nemôže oklamať baránka, aj keď sa ľudia budú snažiť napodobniť hlas jeho pastiera. Ľuďom dáva bielu a mäkkú srsť, mlieko, mäso a všetky časti jeho tela.

Rovnako ako baránok obetuje všetko pre ľudstvo, aj Ježiš úplne poslúchol Boha a všetko pre nás obetoval.

Ježiš prišiel na tento svet v ľudskom tele, aj keď je vo svojej podstate Boh, kázal evanjelium neba, vyliečil mnohé choroby a slabosti a bol ukrižovaný. Ježiš sa vzdal všetkého, aby vás vykúpil z vašich hriechov.

Ježiš je prirovnaný k baránkovi, pretože jeho vlastnosti a skutky sa podobajú tým mierumilovného baránka a jesť jahňacie mäso symbolizuje jesť telo Ježiša Krista, menovite telo Syna Človeka.

Ako teda by ste mali jesť telo Syna Človeka? Pozrime sa na Ex 12, 9-10, ktorý dáva tieto inštrukcie:

> *Nič nesmiete z neho jesť surové ani uvarené vo vode ale iba upečené na ohni, hlavu, nôžky a vnútornosti. Nič z neho nenecháte do rána. Čo by však z neho malo zostať do rána, spálite to na ohni.*

Po prvé, nemali by ste jesť Božie Slovo surové

Čo znamená jesť telo Syna Človeka „surové?"

Všeobecne platí, že nie je dobré jesť surové mäso. Ak budete jesť surové mäso, môžete dostať nejaký vírus alebo baktériu a ochoriete. Rovnakým spôsobom vám Boh hovorí, že nemáte jesť surové Božie Slovo, pretože je to škodlivé.

Božie Slovo je napísané inšpiráciou Ducha Svätého, a preto ho musíte čítať a urobiť ho vaším jedlom inšpiráciou Ducha Svätého.

Čo ak si vysvetlíte Božie Slovo doslovne? Pravdepodobe by ste nepochopili Boží zámer. Preto jesť "Božie Slovo surové" znamená doslovne interpretovať Bibliu.

Ako hovorí Jn 1, 1: „*To Slovo bolo Boh,*" Biblia obsahuje Božie srdce a vôľu a všetko je vykonané v súlade s týmto Slovom.

Božie Slovo nám hovorí, ako sa môžeme dostať do neba. Ak chcete získať večný život, musíte úplne pochopiť Božie Slovo. Naopak, človek z mäsa nemôže vidieť ani pochopiť duchovný svet.

Je to ako, keď cikáda nevie, že existuje obloha, keď je ešte larvou v zemi. Je to ako, keď kura nevie o vonkajšom svete, keď je ešte vo vajíčku. Je to ako, keď dieťa nevie nič o svete, keď je ešte v matkinom lone.

Rovnako, kým ste na tomto telesnom svete, neviete nič o duchovnom svete.

Boh vám hovorí, že za týmto trojrozmerným svetom existuje iný svet. Rovnako ako nenarodené kurča musí rozbiť svojej škrupinku, tiež musíte zlomiť svoje telesné myšlienky, aby ste pochopili a vstúpili do duchovnej oblasti.

Napríklad, Mt 6, 6 hovorí: *„Ale keď sa ty ideš modliť, vojdi do svojej izby, zatvor za sebou dvere a modli sa k svojmu Otcovi, ktorý je v skrytosti. A tvoj Otec ťa odmení, lebo on vidí aj v skrytosti. "* Ak by ste mali doslovne vyložiť tento verš, mali by ste sa vždy modliť vo svojej izbe. Avšak, nenájdete žiadnych predchodcov viery, ktorí sa modlili v tajnosti vo svojej izbe.

Ježiš sa nemodlil vo svojej izbe, ale celú noc na vrchu (Lk 6, 12) a skoro ráno na pustom mieste (Mk 1, 35).

Okrem toho, Daniel sa modlil trikrát denne s otvorenými oknami smerom k Jeruzalemu (Dan 6, 10) a apoštol Peter sa modlil na streche (Sk 10, 9).

Tak potom, čo to znamená, keď Ježiš povedal: „vojdi do svojej izby, zatvor za sebou dvere a modli sa? "

„Izba" tu duchovne symbolizuje srdce človeka. Takže vojsť do svojej izby znamená zabudnúť na myšlienky a ísť hlboko do srdca, ako keby ste prešli obývacou izbou alebo spálňou, aby ste vošli do svojej izby. Až potom sa môžete modliť celým svojím srdcom.

Keď idete do svojej izby, ste izolovaný od vonkajšieho sveta. Rovnako, keď sa modlíte, musíte zablokovať všetky zbytočné myšlienky, obavy a pochybnosti a modlite sa celým svojím srdcom.

Preto nesmiete jesť telo Syna človeka surové. Nemali by ste doslovne interpretovať Slovo Božie. To znamená, že by ste mali Slovo Božie interpretovať duchovne, inšpirovaní Duchom Svätým.

Po druhé, nejedzte Božie Slovo uvarené vo vode

Čo znamená „Nič nesmiete z neho jesť uvarené vo vode?" To znamená, že k Božiemu slovu nesmieme nič pridať, ale len to jesť.

Nie je správne kázať Božie Slovo a miešať ho s politikou, príbehmi o spoločnosti alebo prísloviami o obdivovaných alebo historických osobách.

Boh, ktorý stvoril nebesia a zem a riadi ľudské životy a smrť, požehnanie i kliatbu, je všemohúci a nič mu nechýba.

1 Kor 1, 25 hovorí: *„ Lebo čo je u Boha bláznivé, je múdrejšie ako ľudia, a čo je u Boha slabé, je silnejšie ako ľudia. "* Toto je zaznamenané, aby ste si uvedomili, že ani najmúdrejší a najvynikajúcejší človek nemôže byť prirovnaný k Bohu.

Za celý svoj život nestihnete kázať všetko, čo je v Biblii ukryté. Tak potom, ako sa opovažujete miešať slová ľudí s Božím Slovo, keď odovzdávate posolstvo?

Slová ľudí sa postupom času menia. Aj keď je v nich nejaká pravda, boli už povedané v Biblii a sú vyslovené s Božou múdrosťou.

V učení Biblie by preto vašou prvou prioritou malo byť rýdze Božie Slovo. Samozrejme, môžete použiť aj nejaké podobenstvá alebo ilustrácie, aby ľudia ľahšie pochopili Božie Slovo a tajomstvo duchovného sveta.

Je potrebné si uvedomiť, že len Božie Slovo je večná, dokonalá a úplná pravda, ktorá vás vedie k večnému životu. Preto by ste nemali jesť Jeho Slová uvarené vo vode.

Po tretie, musíte jesť Božie Slovo upečené na ohni

Čo znamená *„upečené na ohni, hlavu, nôžky a vnútornosti?* " (Ex 12, 9) To znamená, že by ste mali urobiť Božie Slovo, telo Syna Človeka, vašim úplným duchovným pokrmom bez nevynechania ničoho.

Napríklad, niektorí ľudia pochybujú o tom, že Mojžiš rozdelil Červené more. Niektorí ľudia sa ani nepokúšali čítať Levitikus, pretože obete v Starom zákone je ťažké pochopiť. Niektorí ďalší ľudia hovoria, že zázrakom, ktoré Ježiš vykonal, je ťažké uveriť a myslia si, že tie zázraky sa stali pred 2000 rokmi. Vynechávajú veľa vecí, ktoré sa nehodia k ľudským myšlienkam a skúšajú si vybrať len morálne ponaučenie.

Nestarajú sa mať na pamäti slová ako: „Milujte svojich

nepriateľov" alebo „Vyvarujte sa každej podoby zla," pretože tieto slová sa im zdajú byť príliš ťažké dodržiavať. Bolo by možné, aby boli spasení?

Preto by ste si nemali zobrať z Biblie len to, čo chcete ako pochabí ľudí. Mali by ste jesť všetky slová v Biblii úplne upečené na ohni, od Genezis až po Zjavenie.

Čo potom znamená jesť Božie Slovo „upečené na ohni?" Oheň tu odkazuje na oheň Ducha Svätého. Mali by ste byť naplnení a inšpirovaní Duchom Svätým, keď budete čítať a počúvať Božie Slovo, pretože je napísané skrze inšpiráciu Ducha Svätého. Inak to budú len poznatky, nie duchovný pokrm.

Aby ste mohli jesť Božie Slovo upečené na ohni, musíte sa vrúcne modliť. Modlitby slúžia ako olej, aby sa stali zdrojom plnosti Ducha Svätého. Ak jete Božie Slovo inšpiráciou Ducha Svätého, je sladšie ako med. Tiež vás nebude nudiť ani v prípade, že je kázanie veľmi dlhé, pretože je veľmi vzácne a vy budete radi počúvať Božie Slovo ako smädný jeleň hľadajúci prameň vody.

To je spôsob, ako jesť Božie Slovo upečené na ohni. Len týmto spôsobom budete chápať Božie Slovo, urobíte ho vaším duchovným telom a krvou, pochopíte Božiu vôľu a budete ju nasledovať. To je spôsob, ako zrodiť ducha skrze Ducha Svätého, zväčšiť vašu vieru a získať späť stratený Boží obraz tým, že zistíte, aká je celá povinnosť ľudí.

Avšak tí, ktorí jedia Božie Slovo s vlastnými myšlienkami bez opekania na ohni, Božie Slovo ich nudí a nemôžu si ho zapamätať, pretože ho počúvajú so vzdialenými myšlienkami. Nemôžu duchovne rásť, ani získať pravý život.

Po štvrté, Božie Slovo by ste nemali nechať do rána

Čo znamená „Nič z neho nenecháte do rána. Čo by však z neho malo zostať do rána, spálite to na ohni?"

To znamená, že telo Syna Človeka, Božie Slovo, by ste mali jesť v noci. Svet, v ktorom teraz žijete je temný svet riadený diablom a to môže byť duchovne vyjadrené ako noc alebo nočný čas. Keď náš Pán príde znovu, zmizne všetka tma a všetko bude obnovené; nastane ráno, svet svetla.

Z tohto dôvodu, „nič z neho nenechávajte do rána" znamená, že by ste sa mali učiť Božie Slovo, aby ste sa pripravili ako nevesta pre nášho Pána pred Jeho návratom.

Okrem toho, či Pánov návrat je blízko alebo nie, vy žijete len sedemdesiat či osemdesiat rokov a neviete, kedy sa stretnete s Pánom. Kým sa s Pánom stretnete, duchovne vyrastiete do takej miery, že budete jesť telo a piť krv Syna Človeka. Takže by ste sa mali usilovne učiť Božie Slovo a duchovne rásť.

Ak máte vieru otca neustálym rastom vášho ducha, dostanete slávu ako žiariace slnko pri Božom tróne v Jeho kráľovstve, pretože poznáte Boha, ktorý je od počiatku, pestovali ste deväť ovocí Ducha Svätého a Blahoslavenstiev a podobáte sa Bohu.

Piť krv Syna Človeka

V záujme zachovania života je potrebné jesť jedlo spolu s pitím vody. Ak nepijete vodu, jedlo nie je stráviteľné a zomriete.

Keď idú potraviny do žalúdka zmiešané s vodou, sú strávené, živiny sú vstrebané a odpad je vylúčený.

Rovnako, ak budete jesť telo Syna Človeka, ale nebudete piť krv Syna Človeka, nemôžete ho stráviť. Preto večný život môžete získať len tým, že budete požívať telo Syna Človeka spolu s krvou Syna Človeka.

„Piť krv Syna Človeka" znamená vierou vložiť Božie Slovo do skutkov. Po počúvaní Božieho Slova je veľmi dôležité, aby ste sa podľa neho aj správali, a to je viera. Ak nekonáte podľa Božieho Slova po tom, čo ste ho počuli a poznáte ho, je zbytočné ho počúvať. Spôsob, akým sa pri trávení potravy živiny vstrebávajú a odpad je vylúčený, je Božie Slovo, pravda, vstrebané a nepravdy sú vylúčené, keď budete konať podľa Božieho Slova, aby ste si očistili svoje špinavé srdcia.

Čo sú to potom „vstrebaná pravda" a "vylúčená nepravda?" Povedzme, že ste si vypočuli Božie Slovo, „Nenenáviďte, ale milujte sa navzájom." Ak to urobíte svojím jedlom a budete sa podľa toho aj správať, živina nazývaná láska sa vstrebe a odpad nazývaný nenávisť je vylúčený. Vaše srdce sa automaticky stáva čistejším a pravdivejším tým, že vylučuje špinavé a nečisté myšlienky.

Konať podľa Božieho Slova po jeho vypočutí

Avšak, ak nekonáte v súlade s Božím Slovom, nepijete krv Syna Človeka. Preto je Božie Slovo len poznatkom vo vašej hlave a nemôžete byť spasení, ak podľa neho nekonáte.

Piť krv Syna Človeka a konať v súlade s Božím Slovom,

nemôže byť vykonané iba ľudským úsilím. Mali by ste mať vôľu a snahu konať v súlade s Božím Slovom a potom vrúcnou modlitbou prijať Božiu milosť, moc a pomoc Ducha Svätého.

Ak by ste sa mohli zbaviť hriechu svojím vlastným úsilím, Ježiš nemusel byť ukrižovaný a Boh nemusí zoslať Ducha Svätého.

Ježiš Kristus bol ukrižovaný, aby vám odpustil hriechy, pretože nemôžete sami vyriešiť problém hriechu a Boh poslal Ducha Svätého, ktorý vám pomôže zmeniť vaše špinavé srdce na srdce čisté.

Duch Svätý, Duch Boží, pomáha Božím deťom žiť v pravde a spravodlivosti. Preto s pomocou Ducha Svätého by mali Božie deti žiť podľa Božieho Slova, aby sa zbavili svojich hriechov a prijali Božiu lásku a Božie požehnanie.

Odpustenie len kráčaním vo svetle

Hovoriť, že jete telo a pijete krv Syna Človeka znamená, že konáte vo svetle v súlade s Božím Slovom. Tak teda, na aké druhy skutkov sa to vzťahuje? Musíte kráčať vo svetle. Zanechajte tmu a konajte vo svetle, keď budete jesť telo Syna Človeka, strávte ho a urobte svoje srdce pravdivým. Keď konáte vo svetle, krv Pána očisťuje vaše hriechy v minulosti, v prítomnosti a v budúcnosti.

Aj keď máte hriechy, ktoré ešte neboli odstránené, keď pred Bohom konáte pokánie celým svojím srdcom, vaše hriechy budú odpustené skrze Božiu milosť. Tí, ktorí skutočne veria v Boha a snažia sa vo svojom srdci dosiahnuť spravodlivosť, už viac nie sú hriešnikmi, ale spravodlivými ľuďmi, môžu byť spasení a získať večný život.

Boh je svetlo

1 Jn 1, 5 hovorí: „*A toto je zvesť, ktorú sme od neho počuli a vám zvestujeme: Boh je svetlo a niet v ňom nijakej tmy.*"

Apoštol Ján, ktorý napísal Prvý Jánov list, bol učený priamo Ježišom, ktorý prišiel na tento svet a stal sa svetlom tohto sveta, a cestou k Bohu.

Teda v Jn 1, 4-5 je o Ježišovi napísané: „*V ňom bol život a život bol svetlom ľudí. A svetlo vo tmách svieti, a tmy ho neprijali.*" Ježiš o sebe povedal: „*Ja som cesta, pravda a život. Nik nepríde k Otcovi, iba cezo mňa.*" (Jn 14, 6).

Preto sa Ježišovi učeníci skrze Ježiša stali svedkami toho, že „Boh je svetlo" a posolstvo, ktoré vám ohlasujú je, že "Boh je svetlo."

Svetlo duchovne znamená pravda

Čo je teda „svetlo?" Duchovne svetlo znamená pravda a pravda je opakom tmy.

Boh nám v Ef 5, 8 hovorí: „*Kedysi ste boli tmou, ale teraz ste svetlom v Pánovi. Žite ako deti svetla!*" Tí, ktorí počujú posolstvo, že „Boh je svetlo" a dozvedia sa Božiu pravdu, môžu svietiť a aj osvetliť tento svet takým spôsobom, akým svetlo zaháňa tmu.

Deti svetla, ktoré konajú podľa pravdy, prinášajú ovocie

svetla. To je dôvod, prečo je v Ef 5, 9 napísané: *„Ovocie svetla je v každej dobrote, spravodlivosti a pravde."* Duchovná láska opísaná v 1 Kor 13 a ovocie Ducha Svätého, ako je láska, radosť, pokoj, trpezlivosť, láskavosť, dobrota, vernosť, miernosť a sebaovládanie, sú ovocím svetla.

Preto sa svetlo vzťahuje na všetky slová pravdy o dobre, spravodlivosti a láske, ako sú „milujte sa navzájom, modlite sa, dodržiavajte deň odpočinku, dodržiavajte Desatoro," ktoré vám Boh hovorí v Biblii.

Tma duchovne znamená hriech

Tma odkazuje na stav, v ktorom nie je svetlo a to duchovne znamená hriech.

Všetky nepravdivé veci, ktoré sú opakom pravdy, sú také veci, ako je uvedené v Rim 1, 28-29: *„A pretože si nevedeli vážiť poznanie Boha, Boh ich vydal napospas ich zvrátenému zmýšľaniu, aby robili, čo sa nepatrí, plných neprávosti, zloby, lakomstva, ničomnosti, plných závisti, vrážd, svárov, ľsti, zlomyseľnosti; sú klebetní."* Všetko toto je tma.

Biblia vám hovorí, aby ste sa zbavili všetkých vecí, ktoré patria do tmy, ako sú krádeže, vraždy, cudzoložstvo a každý druh zla.

Na jednej strane, niektorí ľudia tvrdia, že sú Božími deťmi, aj keď nekonajú to, čo im Boh hovorí, aby robili alebo dodržiavali, ale konajú to, čo im Boh hovorí, aby nerobili alebo sa toho zbavili. Táto tma je riadená nepriateľom diablom a Satanom a patrí do tohto sveta, a tak nikdy nemôže byť spojená so svetlom. To je dôvod, prečo tí, ktorí konajú v tme, nenávidia svetlo a žijú ďaleko od neho.

Na druhej strane, pravé Božie deti, ktoré sú svetlom, a v ktorých nie je žiadna tma, mali by sa vysporiadať s temnotou a konať vo svetle. Až potom môžete komunikovať s Bohom a vo všetkom vo vašom živote sa vám bude dariť.

Dôkaz o vzťahu s Bohom

Obvykle je medzi rodičmi a ich deťmi veľmi blízky vzťah založený na láske. Takisto je samozrejmé pre vás – ktorí veríte v Ježiša Krista – mať vzťah s Bohom, ktorý je Otcom vášho ducha (1 Jn 1, 3).

Vzťah tu znamená nielen to, že jeden pozná druhého, ale navzájom sa dobre poznať. Nemôžete povedať, že máte vzťah s prezidentom, aj keď o ňom veľa viete. Je to rovnaké s vaším vzťahom s Bohom. Aby ste mali s Bohom skutočný vzťah, mali by ste Ho dobre poznať, ako aj On pozná a uznáva vás.

1 Jn 1, 6-7 hovorí: „*Ak hovoríme, že máme s ním spoločenstvo, ale chodíme vo tme, luháme a nekonáme pravdu. Ale ak chodíme vo svetle ako je on vo svetle, máme spoločenstvo medzi sebou a krv Ježiša, jeho Syna, nás očisťuje od každého hriechu.*"

To znamená, že máte s Bohom vzťah iba vtedy, ak sa zbavíte hriechov a konáte vo svetle. Ak hovoríte, že máte vzťah s Bohom, zatiaľ čo ešte stále konáte a žijete vo tme, je to lož.

Mať vzťah s Bohom znamená mať duchovné a pravdivé priateľstvo, nielen mať bezbožný vzťah poznaním Boha na základe vedomostí vo vašej hlave. Vy sami musíte byť svetlom, aby ste mali vzťah s Bohom, pretože On je svetlo. Duch Svätý a Božie srdce vás jasne naučia Božiu vôľu do tej miery, že zostanete v pravde, aby ste mohli mať hlbší rozhovor s Bohom, keď budete čítať Božie Slovo a modliť sa.

Ak kráčate v tme

Klamete, ak tvrdíte, že máte vzťah s Bohom, ale páchaním hriechov kráčate v tme. Nie je to kráčanie v pravde a nakoniec pôjdete cestou smrti.

V 1 Sam 2 synovia veľkňaza Héliho konali zlo a páchali hriechy. Mal ich potrestať, ale Héli ich iba varoval: *„Prečo robíte takéto veci? Nemali by ste to robiť"* (v. 23).

Nakoniec na nich padol Boží hnev. Dvaja synovia kňaza Héliho zomreli v bitke a Héli padol z kresla nazad k bráne, zlomil si väz a zomrel. Boží hnev padol i na jeho potomkov (1 Samuel 2, 27-36, 4, 11-22).

Preto je v Ef 5, 11-13 napísané: *„a nemajte účasť na jalových skutkoch tmy, radšej ich odhaľujte, lebo to, čo oni potajomky robia, je hanba aj hovoriť. Ale všetko, čo sa odhalí, svetlo vynesie najavo."*

Ak existuje niekto, kto tvrdí, že má vzťah s Bohom, ale nekráča vo svetle, mali by ste ho s láskou varovať. Ak ešte stále nevyjde na svetlo, mali by ste ho pokarhať, a tak priviesť do svetla, aby nekráčal cestou smrti.

Odpustenie kráčaním vo svetle

Na tomto svete je zákon, a keď ho niekto poruší, bude potrestaný podľa veľkosti činu. Avšak nemôže sa ubrániť pocitu viny v svedomí, pretože škoda už bola vykonaná, aj keď už zaplatil za to, čo urobil zle a bol potrestaný.

Podobne, stále máte hriešnu prirodzenosť vo svojom srdci, aj keď prijmete Ježiša Krista, máte odpustené hriechy a ste vyhlásení za spravodlivých. Preto vám Boh prikazuje obrezať vaše srdce, aby ste sa necítili previnilo ani vo svojom svedomí.

Ako je napísané v Jer 4, 4: „*Obrežte sa Pánovi, odstráňte predkožku svojho srdca, mužovia Júdska a obyvatelia Jeruzalema, ináč vyšľahne sťa plameň môj hnev a bude horieť neuhasiteľne pre zlobu vašich skutkov,*" obriezka srdca znamená odrezanie kože vášho srdca.

Odrezanie kože vášho srdca znamená nasledovať to, čo Boh hovorí v Biblii, a to je „Rob toto," „Nerob toto," „Toto dodržuj" alebo „Toho sa zbav." Inými slovami to znamená zbaviť sa všetkého, čo je proti Božiemu Slovu, ako je nepravda, zlo, nespravodlivosť, bezprávie a tma, očistením vašich sŕdc a ich naplnením pravdou.

Preto je potrebné starostlivo urobiť Božie Slovo vaším jedlom, vstrebávať živiny tým, že budete podľa neho konať a vylučovať odpady zla a nepravdy, ktoré patria tme. Keď obrežete svoje srdce, môžete duchovne vyrásť.

Keď sa stanete duchovným a pravdivým človekom vylučovaním hriechu a zla ako odpadu, budete mať vzťah s Bohom. Potom vás krv Ježiša Krista môže očistiť od hriechov, pretože ste vo vzťahu.

Preto by ste nemali len prijímať Ježiša Krista a byť vyhlásení za spravodlivých, ale tiež sa zmeniť na skutočne spravodlivého človeka požívaním tela a pitím krvi Syna Človeka a obrezaním vášho srdca.

Viera sprevádzaná skutkami je pravá viera

Na vaše prekvapenie môžete vidieť veľa ľudí, ktorí nechápu pravý význam viery. Niektorí hovoria: „Prečo jednoducho nejdete do kostola? Stále môžete byť spasení." Ak počúvate Božie Slovo a poznáte ho, ale nekonáte podľa toho, je to len viera vo forme poznania vo vašej hlave, nie pravá viera. Týmto spôsobom nemôžete byť spasení. Aká je to viera, ktorú uznáva Boh? Ako môžete byť vierou spasení?

Skutočné pokánie si vyžaduje odvrátiť sa od hriechu

1 Jn 1, 8-9 hovorí: „*Ak hovoríme, že nemáme hriech, klameme sami seba a nie je v nás pravda. Ale ak vyznávame svoje hriechy, on je verný a spravodlivý: odpustí nám hriechy a očistí nás od každej neprávosti.*"

Čo teda znamená vyznať svoje hriechy?

Predpokladajme, že vám Boh povie, „Ísť na východ je cesta

večného života a moja vôľa, tak choď na východ." Avšak, ak budete ďalej kráčať cestou na západ a poviete: „Bože, mal by som ísť na východ, ale ja idem na západ, tak mi, prosím Ťa, odpusť," to nie je vyznanie. Toto nie je veriť v Boha alebo sa ho báť, ale je to skôr vysmievanie sa. Naozajstné pokánie je nielen perami vyznať hriechy, ale tiež úplne sa odvrátiť od hriechov vo vašich skutkov. Iba vtedy ich Boh príjme ako pokánie a udelí vám odpustenie.

Tak ako, keď nebudete prijímať žiadne jedlo, aj keď viete, že musíte jesť, aby ste žili, zomriete, ani krvou Pána nebudete očistení, ak perami vyznáte svoje hriechy a neodvrátite sa od nich.

Viera bez skutkov je mŕtva viera

Jak v 2, 22 hovorí: *„ Vidíš, že viera spolupôsobila s jeho skutkami a že skutkami dosiahla viera dokonalosť. "* Verš 26 ďalej pokračuje: *„ Lebo ako telo bez ducha je mŕtve, tak je mŕtva aj viera bez skutkov. "*

Mnoho ľudí chodí do kostola, lebo počuli, že existuje nebo a peklo. Vzhľadom k tomu, že v srdciach neveria v túto skutočnosť, skutky ich nesprevádzajú.

Je to len viera ako poznanie a mŕtva viera.

Okrem toho, ak perami vyznávate, že veríte, kým ešte stále žijete v hriechu, ako môžete povedať, že máte vieru? Biblia hovorí, že hriech spáchaný vedome je horší než nevedome spáchaný hriech.

Keď vyznávate „Verím" bez skutkov, môžno si myslíte, že máte vieru, ale pre Boha to nie je pravá viera.

Izraeliti, ktorí vyšli z Egypta, zažili mnoho Božích diel. Boh rozdelil Červené more, dal im mannu a prepelice a ochránil ich stĺpom oblaku vo dne a stĺpom ohňa v noci. Avšak, keď im Boh prikázal, aby špehovali krajinu Kananejskú, len Jozue a Kálef verili v Božie Slovo a moc. Ako výsledok, tí Izraeliti, ktorí neuposlúchli Boha, aby išli do Kanaánu, pretože nemali dostatočne silnú vieru, zažili štyridsať rokov skúšok v pustatine a nakoniec tam zomreli.

Musíte si uvedomiť, že je to zbytočné, ak nebudete veriť alebo konať podľa Božieho Slova, aj keď ste svedkami a zažijete veľa Božích diel. Viera je naplnená skutkami.

Len tí, čo dodržiavajú zákon, budú ospravedlnení

Boh nám v Rim 2, 13 hovorí, že: *„Lebo nie tí sú spravodliví pred Bohom, čo zákon počúvajú, ale tí, čo zákon plnia budú ospravedlnení."*

Nie ste spravodliví tým, že chodíte do kostola a počúvate Slovo. Ste spravodlivými len vtedy, keď sa vaše nepravdivé srdce zmení na skutočné srdce tým, že koná v súlade s Božím Slovom.

Niektorí hovoria, že môžete byť spasení už tým, že perami voláte Ježiša Krista „Pane," čo je nesprávnym pochopením Rim 10, 13: *„Lebo každý, kto bude vzývať Pánovo meno, bude spasený."* A predsa je to úplne zle. Ako je napísané v Iz 34, 16: *„Skúmajte v knihe a čítajte, ani jedno z nich nechýba, vzájomne sa nehľadajú, lebo to prikázali Pánove ústa a jeho duch ich zhromaždil."* Božie Slovo má priateľa a stane sa dokonalým len vtedy, keď je dokonale interpretované týmto priateľom.

Rim 10, 9-10: „*Lebo ak svojimi ústami vyznávaš: „Lebo ak svojimi ústami vyznávaš: ,Ježiš je Pán!' a vo svojom srdci uveríš, že Boh ho vzkriesil z mŕtvych, budeš spasený. Lebo srdcom veríme na spravodlivosť a ústami vyznávame na spásu.*"

Iba tí, ktorí skutočne veria v srdci, že Ježiš bol vzkriesený, môžu perami pravdivo vyznávať, pretože žijú podľa Božieho Slova. Budú spasení, keď vyznávajú touto pravou vierou a stanú sa spravodlivejšími, ale tí, ktorí nevyznávajú touto vierou, nemôžu byť spasení.

To je dôvod, prečo v Mt 13, 49-50 Ježiš povedal: „*Tak bude aj na konci sveta: vyjdú anjeli, oddelia zlých od spravodlivých a hodia ich do ohnivej pece. Tam bude plač a škrípanie zubami.*"

„Spravodlivý" tu znamená všetkých tých, ktorí uznávajú Boha a tvrdia, že majú vieru. „Oddelia zlých od spravodlivých" znamená to, že tí, ktorí nekonajú v súlade s Božím Slovom, nemôžu byť spasení, aj keď chodia do kostola a vedú kresťanský život.

Boh skutočne žiada obriezku srdca

Boh chce, aby Jeho deti boli sväté a dokonalé. Preto nám v 1 Pt 1, 15 hovorí: „*ale ako svätý je ten, ktorý vás povolal, buďte aj vy svätí vo všetkom svojom počínaní;*" a v Mt 5, 48: „*Vy teda buďte dokonalí, ako je dokonalý váš nebeský Otec.*"

Počas starozákonnej doby boli ľudia spasení skutkami ako reprezentáciou toho, čo malo prísť, ale v novozákonnej dobe, kedy Ježiš Kristus s láskou naplnil zákon, ste spasení skrze vieru.

„Byť zachránení skutkami zákona" znamená, že aj keď máte, napríklad, špinavé srdce zabiť, nenávidieť, dopustiť sa cudzoložstva, klamstva a tak ďalej, nie je to považované za hriech, ak sa to neuskutoční.

Boh neodsúdil ľudí, ak nevykonali zlé skutky, pretože sa počas starozákonných čias sami bez Ducha Svätého nemohli zbaviť hriechov. Avšak počas novozákonnej doby ste spasení iba obrezaním vášho srdca vo viere s pomocou Ducha Svätého, pretože k vám musí prísť Duch Svätý. Duch Svätý vám pomôže uvedomiť si rozdiel medzi hriechom, spravodlivosťou, a rozsudkom a umožňuje vám žiť podľa Božieho Slova. Preto je možné skoncovať s nepravdou a obrezať si srdce s pomocou Ducha Svätého.

Musíte si uvedomiť, že Boh vás skutočne žiada, aby ste si obrezali srdce, zbavili sa hriechov, boli svätými a mali účasť na božskej podstate. Apoštol Pavol poznal túto Božiu vôľu a učil obriezke srdca, nie tela (Rim 2, 28-29). Radil vám, aby ste odolali až po krvipreliatie vo vašom boji proti hriechu, s očami upretými na Ježiša, zdokonaľovateľa vašej viery (Hebr 12, 1-4).

Dúfam, že budete mať pravú vieru sprevádzanú skutkami a uvedomíte si, že sa nemôžete dostať do neba tým, že voláte „Pane, Pane," ale iba kráčaním vo svetle a obriezkou srdca.

Kapitola 9

NARODIŤ SA Z VODY A Z DUCHA

- K Ježišovi prichádza Nikodém
- Ježiš pomáha Nikodémovi
  duchovne porozumieť
- Narodenie z vody a z Ducha
- Traja svedkovia: Duch, voda a krv

Medzi farizejmi bol človek menom Nikodém, popredný muž u Židov. On prišiel v noci k Ježišovi a povedal mu: „Rabbi, vieme, že si prišiel od Boha ako učiteľ, lebo nik nemôže robiť také znamenia, aké ty robíš, ak nie je s ním Boh." Ježiš mu odpovedal: „Veru, veru, hovorím ti: Ak sa niekto nenarodí zhora, nemôže uzrieť Božie kráľovstvo." Nikodém mu vravel: „Ako sa môže človek narodiť, keď je už starý? Azda môže druhý raz vojsť do lona svojej matky a narodiť sa?" Ježiš odpovedal: „Veru, veru, hovorím ti: Ak sa niekto nenarodí z vody a z Ducha, nemôže vojsť do Božieho kráľovstva."

Jn 3, 1-5

Boh poslal Ježiša Krista, Jeho jediného Syna, a otvoril cestu k spáse. Ktokoľvek, kto Ho príjme, získa právo stať sa Božím dieťatom a bude sa radovať z požehnaného a večného života teraz i naveky. Avšak v dnešnej dobe môžete vidieť, že veľa ľudí nemá túto istotu spasenia, aj keď prijali Ježiša Krista. Navyše niektorí ľudia tvrdia, že prijali spasenie, ale chýba im viera v spasenie, alebo iní tvrdia, že sú spasení, pretože už raz prijali Ducha Svätého, ale odvtedy sa už viac nestarajú o svoje skutky.

Na záver k posolstvu kríža skrze Nikodémov príbeh majme jasno v tom, ako dosiahnuť dokonalé spasenie od okamihu, keď príjmete Ježiša Krista.

K Ježišovi prichádza Nikodém

V Ježišovej dobe mali farizeji veľký rešpekt pred Mojžišovým zákonom a dodržiavali tradície otcov. Boli náboženskými vodcami medzi vybranými Izraelitmi, ktorí verili v Božiu zvrchovanosť, vo vzkriesenie, v anjelov, v Posledný súd a v príchod Mesiáša.

Napriek tomu im Ježiš opakovane hrozil, hovoriac: *„Beda vám, zákonníci a farizeji, pokrytci, lebo čistíte čašu a misu zvonka, ale vnútri sú plné lúpeže a nečistoty!"* (Mt 23, 25-36).

Nikodém mal dobré srdce

Nikodém bol jedným zo židovských farizejov vo veľrade Sanhedrin. Avšak na rozdiel od ostatných farizejov, on Ježiša neprenasledoval. Namiesto toho, vidiac divy a zázraky, ktoré Ježiš vykonal, veril, že Ježiš prišiel od Boha. Nikodém chcel vedieť, kto je Ježiš, lebo mal dobré srdce.

V Jn 7, 51 sa Nikodém pýta farizejov, ktorí sa chceli zmocniť Ježiša, obraňujúc Ho: *„Odsúdi náš zákon človeka prv, ako by ho vypočul a zistil, čo urobil?"*

V tej dobe nebolo jednoduché pre člena veľrady Sadhedrin takto hovoriť. Dokonca aj teraz, keď vláda zákonom zakazuje alebo odrádza od kresťanstva, úradníci sa nemôžu postaviť na stranu kresťanstva. Podobne v tej dobe, Izraeliti považovali všetky náboženstvá okrem judaizmu za falošné. Nikodém vedel, že by mohol byť exkomunikovaný, ak by sa postavil na stranu Ježiša.

Napriek tomu, Nikodém Ježiša bránil. To dokazuje, že bol pravdivý a že stál pevne vo viere v Ježiša Krista.

Jn 19, 39-40 vykresľuje scénu hneď po Ježišovej smrti na kríži:

> *Prišiel aj Nikodém, ten, čo bol kedysi u neho v noci. Priniesol asi sto libier zmesi myrhy s aloou. Vzali Ježišovo telo a zavinuli ho do plátna s voňavými olejmi, ako je u Židov zvykom pochovávať.*

Preto Nikodém veril, že Ježiš bol Boží muž, Ježišovi slúžil rovnako aj po Jeho ukrižovaní a získal spasenie vierou v Jeho zmŕtvychvstanie.

Nikodém prichádza k Ježišovi

V Jn 3 je dialóg medzi Ježišom a Nikodémom predtým, než duchom pochopil pravdu.

Raz v noci prišiel Nikodém k Ježišovi a povedal mu: *„Rabbi, vieme, že si prišiel od Boha ako učiteľ, lebo nik nemôže robiť také znamenia, aké ty robíš, ak nie je s ním Boh."* (v. 2).

Nikodém sprvu nevedel, že Ježiš je Mesiáš a Boží Syn. Avšak po tom, čo bol svedkom Ježišových zázrakov, Nikodém si uvedomil a tvrdil, že Ježiš je Boží muž, pretože mal dobré svedomie. Vďaka dobrému svedomiu vedel, že iba všemohúci Boh môže vzkriesiť mŕtvych, vyliečiť malomocného a učiniť, aby slepí videli a mrzáci chodili.

Tak potom, prečo prišiel k Ježišovi v noci? Bol jedným z tých ľudí, ktorí nechcú otvorene chodiť do kostola, pretože nedôverujú v Boha Stvoriteľa.

Aj keď mal Nikodém dobré srdce, nemal pravú vieru. Nedôveroval v Ježiša ako v Syna Božieho a Mesiáša, a preto nenavštívil Ježiša otvorene cez deň – urobil tak v noci.

Ježiš pomáha Nikodémovi duchovne porozumieť

Ježiš povedal Nikodémovi: *„Ježiš mu odpovedal: ,Veru, veru, hovorím ti: Ak sa niekto nenarodí zhora, nemôže uzrieť*

Božie kráľovstvo.'" (Jn 3, 3).

Nikodém však tomu vôbec nerozumel. Potom sa opýtal znova: „Ako sa môže človek znovu narodiť, keď je starý?" Nemal duchovnú vieru, a tak sa divil: „starý človek zomrie a vracia sa do pôdy, ako sa teda môže znovu narodiť?"

Potom mu Ježiš povedal o narodení sa z vody a z Ducha: „*Veru, veru, hovorím ti: Ak sa niekto nenarodí z vody a z Ducha, nemôže vojsť do Božieho kráľovstva. Čo sa narodilo z tela, je telo, a čo sa narodilo z Ducha, je duch.*" (v. 5 - 6).

Keď bol Nikodém zvedavý, čo Ježiš povedal, Ježiš mu to vysvetlil v podobenstve: „*Vietor veje, kam chce; počuješ jeho šum, ale nevieš, odkiaľ prichádza a kam ide. Tak je to s každým, kto sa narodil z Ducha.*" (v. 8).

Po Adamovom neposlúchnutí duch každého človeka zomrel a všetci po ňom boli odsúdení na smrť. Avšak duch človeka ožíva po tom, čo sa narodí z Ducha Svätého. Tým, že sa človek stane duchovným, obnovuje Boží obraz a je spasený. Napriek tomu Nikodém nechápal, čo tým Ježiš myslel (v. 9).

A tak sa opýtal: „Ako je to možné?" Ježiš odpovedal:

Ak neveríte, keď vám hovorím o pozemských veciach; akože uveríte, keď vám budem rozprávať o nebeských? Nik nevystúpil do neba, iba ten, čo zostúpil z neba, Syn človeka. A ako Mojžiš vyzdvihol na púšti hada, tak musí

byť vyzdvihnutý aj Syn človeka, aby každý, kto verí, mal
v ňom večný život (v. 12-15).

V Nm 21, 4-9 Izraeliti, ktorí boli vyvedení z Egypta, šomrali
proti Mojžišovi, pretože cesta do Kanaánu bola stále ťažšia a
ťažšia. Potom sa Boh odvrátil a poslal na ľudí jedovatých hadov,
ktorí ich pohrýzli.

Ako volali o pomoc, Boh povedal Mojžišovi, aby vyrobil
bronzového hada a nastokol ho na tyč. Boh zachránil každého,
kto sa na neho pozrel, ale tvrdohlaví ľudia zomreli, pretože sa vo
svojich pochybnostiach ani neobťažovali naň pozrieť.

Duchovne pochopiť Božie Slovo

Prečo Boh prikázal vyrobiť bronzového hada a nastoknúť ho
na tyč? Z Gn 3, 14 vieme, že had bol prekliaty. Okrem toho, Gal
3, 13 hovorí: *„Prekliaty je každý, kto visí na dreve.“*

Z tohto dôvodu, nastoknutie bronzového hada na tyč
symbolizuje, že Ježiš bude pribitý na drevenom kríži ako
prekliaty had, aby vás vykúpil. Navyše, rovnako ako každý, kto sa
pozrel na bronzového hada, žil, každý, kto verí v Ježiša Krista,
bude spasený.

Nikodém nemohol pochopiť zmysel Božieho Slova, pretože
sa ešte nenarodil z vody a z Ducha a jeho duchovné oči ešte
neboli otvorené.

Dokonca aj dnes, keď sa nenarodíte z vody a z Ducha a vaše
duchovné oči nie sú otvorené, nemôžete pochopiť význam
duchovného posolstva, pretože si ho môžete vyložiť doslovne a

nesprávne pochopiť.

Musíte sa vrúcne modliť, aby ste pochopili duchovný význam Božieho Slova inšpirovaní Duchom Svätým. Potom Boh milosti otvorí vaše srdce a vy pochopíte Božie Slovo a budete mať pravú vieru.

Narodenie z vody a z Ducha

Keď Nikodém navštívil v noci Ježiša, Ježiš mu povedal: *„ Veru, veru, hovorím ti: Ak sa niekto nenarodí z vody a z Ducha, nemôže vojsť do Božieho kráľovstva. Čo sa narodilo z tela, je telo, a čo sa narodilo z Ducha, je duch“* (Jn 3, 5-6).

Majme jasno vo význame narodenia z vody a z Ducha. Ako môžete byť znovuzrodení vodou a Duchom a byť spasení?

Voda symbolizuje vodu večného života

Voda uhasína smäd a pomáha k plynulej činnosti vnútorných orgánov tela. Taktiež očisťuje vaše telo zvonku i zvnútra.

Preto Ježiš prirovnal vodu večného života k vode, aby vysvetlil, že vás čistí a prináša život.

Ježiš nám v Jn 4, 14 hovorí: *„Ale kto sa napije z vody, ktorú mu ja dám, nebude žízniť naveky. A voda, ktorú mu dám, stane sa v ňom prameňom vody prúdiacej do večného života. “*

Ak sa napijete vody, uhasíte smäd na nejakú dobu, ale nakoniec znova vysmädnete. Voda v tomto Slove znamená vodu večného života. Ten, kto pije vodu, ktorú dáva Ježiš, už nebude nikdy smädný. Konkrétne „prameň vody prúdiaci k večnému životu" vám dáva život.

Jn 6, 54-55 hovorí: *„Kto je moje telo a pije moju krv, má večný život a ja ho vzkriesim v posledný deň. Lebo moje telo je pravý pokrm a moja krv je pravý nápoj.*" To znamená, že večnou vodou sú Ježišovo telo a krv.

Navyše Jeho „telo" sa odvoláva na Slová z Biblie, pretože Ježiš je Slovo, ktoré prišlo na svet v ľudskom tele. Požívanie Jeho tela sa vzťahuje na zachovávanie Jeho Slova v mysli prostredníctvom čítania Biblie.

Ježišova krv je život a život je pravda. Pravda je Kristus a Kristus je Božia moc. Všetko toto je Ježišova krv. Keďže Božia moc prichádza s vierou, piť Ježišovu krv znamená riadiť sa Jeho Slovom skrze vieru.

Naučili ste sa, že voda duchovne symbolizuje Ježišovo telo - to je Božie Slovo a Baránok Boží. Spôsob, akým voda čistí telo, Božie Slovo umýva vaše srdce od špinavostí.

To je dôvod, prečo vás v kostole krstili vodou a krst symbolizuje, že ste Božím dieťaťom a vaše hriechy sú odpustené. Ďalej to znamená, že by ste mali meditovať nad Božím Slovom a byť Ním denne očisťovaní.

Znovuzrodenie vodou

Ako teda môžete zmyť špinu zo srdca Božím Slovom, ktoré je vodou večného života?

Boh nám dáva štyri typy príkazov: „Čo robiť," „Čo nerobiť," „Čo dodržiavať" a „Čoho sa zbaviť." Napríklad, Boh povedal, aby ste nerobili také veci, ako je závisť, nenávisť, súdiť iných, krádež, cudzoložstvo a vraždy.

Rovnakým spôsobom by ste nemali robiť to, čo je zakázané a súčasne by ste mali odhodiť každý druh zla. Tiež by ste mali svätiť deň odpočinku, evanjelizovať, modliť sa a milovať jeden druhého. Vaše srdce sa potom postupne naplní pravdou pomocou Ducha Svätého a Božie Slovo zmyje vaše neprávosti a hriechy. Týmto spôsobom môže byť vaše srdce obrezané a premenené v pravdu v súlade s Božím Slovom, a to znamená „narodiť sa z vody.“

Preto, aby ste mohli prijať celé spasenie, mali by ste nielen prijať Ježiša, ale aj obrezať si srdce dodržiavaním Božieho Slova v každom okamihu vášho života.

Znovuzrodenie Duchom

Ak chcete získať spasenie, mali by ste sa narodiť z vody a z Ducha. Ako sa môžete narodiť z Ducha? V Sk 19, 2 sa apoštol Pavol niektorých učeníkov opýtal: *„Dostali ste aj Ducha Svätého, keď ste uverili?“* Čo znamená prijať Ducha Svätého?

Prvý človek Adam bol zložený z „ducha,“ z „duše“ a z „tela“ (1 Tes 5, 23), ale jeho duch zomrel v dôsledku neposlušnosti. Potom sa stal stvorením, ktoré nie je o nič lepšie ako zvieratá, skladajúce sa z duše a tela (Kaz 3, 18).

Ak ľutujete svoje hriechy a uznávate, že ste hriešnikmi, Boh vám dá Ducha Svätého ako dar a ako znamenie, že ste Jeho dieťaťom (Sk 2, 38).

Všetky Božie deti, ktoré prijali Ducha Svätého, sú na základe

Božieho Slova schopné rozlišovať medzi dobrom a zlom a žiť podľa Božieho Slova mocou a silou z neba skrze ich vrúcne a neustále modlitby.

Týmto spôsobom sa zmeníte na pravdivých ľudí a budete mať duchovnú vieru do takej miery, že pomocou Ducha Svätého zrodíte ducha. V Jn 3, 6 je napísané: *„Čo sa narodilo z tela, je telo, a čo sa narodilo z Ducha, je duch, "* a Jn 6, 63 poznamenáva: *„Duch oživuje, telo nič neosoží. Slová, ktoré som vám povedal, sú Duch a život. "*

Stať sa duchovným človekom nasledujúcim Ducha Svätého

Keď sa narodíte z vody a z Ducha Svätého, získate miesto v nebesiach (Flp 3, 20). Ako Božie dieťa môžete navštevovať bohoslužby, chváliť Ho s radosťou a snažiť sa žiť vo svetle.

Pred prijatím Ducha Svätého ste žili v tme, pretože ste nepoznali pravdu. Avšak po tom, čo prijmete Ducha Svätého, pokúsite sa žiť vo svetle.

Postupom času zistíte, že keď máte v srdci radosť, neustále vnútri bojujete. Je to preto, že zákon Ducha, ktorý nasleduje želania Ducha Svätého bojuje proti zákonu hriešnej prirodzenosti, ktorá nasleduje žiadosti tela, žiadosti očí a chvastavú pýchu života (1 Jn 2, 16).

O tomto boji apoštol Pavol hovoril: *„Podľa vnútorného človeka s radosťou súhlasím s Božím zákonom; ale vo svojich údoch pozorujem iný zákon, ktorý odporuje zákonu mojej* *mysle a robí ma zajatcom zákona hriechu, ktorý je v mojich údoch. Ja nešťastný človek! Kto ma vyslobodí z tohoto tela smrti?"* (Rim 7, 22-24)

Keď sa narodíte z vody a z Ducha, v tej chvíli sa stanete Božím dieťaťom. To neznamená, že ste duchovne dokonalým človekom.

To je dôvod, prečo nám Gal 5, 16-17 hovorí: *„Hovorím však: Žite duchovne a nebudete spĺňať žiadosti tela. Lebo telo si žiada, čo je proti duchu, a duch, čo je proti telu. Navzájom si odporujú, aby ste nerobili to, čo chcete."*

Aby ste boli schopní nasledovať Ducha Svätého, mali by ste žiť podľa Božieho Slova a plniť vôľu prijateľnú a príjemnú Bohu. Takže, ak budete postupovať podľa želania Ducha, nebudete v pokušení a budete schopní poraziť nepriateľa diabla a Satana, ktorý vás zvádza nasledovať túžby hriešnej prirodzenosti. Môžete žiť v pravde a verne sa oddať Božiemu kráľovstvu a Jeho spravodlivosti.

Keď budete postupovať podľa želania Ducha Svätého, budete mať v sdrci radosť a pokoj. Avšak, ak sa budete riadiť túžbami hriešnej prirodzenosti, budete biedni a neschopní niesť bremeno.

S dozrievaním vašej viery sa môžete zbaviť hriechov a vo všetkých veciach nasledovať vôľu Ducha Svätého. Túžby vo vás, ktoré chcú nasledovať hriešnu prirodzenosť, zmiznú. Navyše, už viac nemusíte bojovať, aby ste sa zbavili hriechov a neboli biedni. Za akýchkoľvek okolností môžete byť neustále radostní.

Boh sa teší z tých, ktorí žijú podľa vôle Ducha. Napĺňa túžby ich sŕdc, ako nám prisľúbil v Ž 37, 4: *„Hľadaj radosť v Pánovi a dá ti, za čím túži tvoje srdce."*

Ak zmeníte svoje srdce tak, aby bolo naplnené iba pravdou, Boh má z vás veľkú radosť a všetko pre vás urobí možným. Dúfam, že sa narodíte z vody a z Ducha a budete žiť v súlade s túžbami Ducha.

Traja svedkovia: Duch, voda a krv

Ako som už vysvetlil, aby ste boli zachránení, mali by ste sa narodiť z vody a z Ducha. Avšak, aby ste získali úplnú spásu, musíte byť očistení od hriechov krvou Ježiša tým, že kráčate vo svetle.

Ak vaše srdce nie je čisté, stále máte hriechy. Preto potrebujete krv Ježiša Krista, aby ste boli očistení od zostávajúcich hriechov.

O tomto nám 1 Jn 5, 5-8 hovorí nasledovné:

> *Veď kto iný premáha svet, ak nie ten, kto verí, že Ježiš je, Boží Syn? On je ten, ktorý prišiel skrze vodu a krv, Ježiš Kristus. Nielen skrze vodu, ale skrze vodu a krv. A Duch to dosvedčuje, pretože Duch je pravda. Lebo traja sú, čo svedčia: Duch, voda a krv; a títo traja sú zajedno.*

Ježiš prichádza skrze vodu a krv

Jn 1, 1 hovorí, že: „*To Slovo bolo Boh.*" a Jn 1, 14: „*A Slovo sa telom stalo a prebývalo medzi nami. A my sme uvideli jeho slávu, slávu, akú má od Otca jednorodený Syn, plný milosti a pravdy.*" To znamená, že Ježiš, Boží Syn a samotné Slovo Božie, prišiel na Zem v ľudskom tele, aby odpustil naše hriechy. Dokonca aj dnes pokračuje v našom očisťovaní Božím Slovom - Bibliou.

Avšak nie je možné žiť podľa Božieho Slova bez pomoci Ducha Svätého. Nie je možné zbaviť sa hriechov vlastnými silami. Mali by ste prijať pomoc Ducha Svätého skrze vrúcnu modlitbu, aby ste odstránili žiadosti tela, žiadosti očí a pýchu života. Až potom môžete zo svojich sŕdc vyhnať tmu nepravdy.

Okrem toho, aby vám bolo odpustené, potrebujete preliatie krvi. V Hebr 9, 22 sa hovorí, že: *„A podľa zákona sa skoro všetko očisťuje krvou a bez vyliatia krvi niet odpustenia."* Potrebujete Ježišovu krv, pretože len Jeho nevinná a nepoškvrnená krv dáva odpustenie.

Musíte veriť v Ježiša, ktorý prišiel skrze vodu a krv a prijať Ducha Svätého ako dar od Boha, aby ste získali spásu, pre ktorú potrebujete nasledujúce tri: Ducha, vodu a krv.

Ak nie je žiadne prelievanie krvi, nie je odpustenie a vy ste stále v hriechu. Je potrebné nielen Slovo – voda – na očistenie, ale aj Duch Svätý, ktorý vám pomôže úplne žiť podľa tohto Slova. Takže tieto tri sú v zhode.

Preto po odpustení našich hriechov prijatím Ježiša Krista, by sme mali pokračovať v zrodení z vody a z Ducha, aby sme získali dokonalú spásu a pochopili skutočnosť, že tieto tri – Duch, voda a krv – nás spolu zachraňujú a vedú do neba.

Kapitola 10

ČO JE KACÍRSTVO?

- Biblická definícia kacírstva
- Duch pravdy a duch bludu

„V ľude však boli aj falošní proroci; tak budú medzi vami falošní učitelia, ktorí budú vnášať zhubné rozkoly; budú zapierať Pána, ktorý ich vykúpil, a tým privedú na seba náhlu záhubu. Mnohí budú nasledovať ich výstrednosti a pre nich budú potupovať cestu pravdy. Vo svojom lakomstve budú vás vykorisťovať falošnými rečami. Ich odsúdenie sa pripravuje už oddávna a ich záhuba nedrieme.“

2 Pt 2, 1-3

S vývojom civilizácie materializmu začali ľudia popierať Boha, pretože sa spoliehajú na ich múdrosť a poznanie. Tým, že sa rozšíril hriech, ľudskí duchovia sa stali temnými a ľudia skazenými. Preto je mnoho ľudí oklamaných klamstvami, pretože nedokážu rozlíšiť medzi tým, čo je pravda a čo je lož. Tiež robia chybu v posudzovaní iných ľudí na základe vlastných spravodlivých znalostí a teórií.

V Mt 12, 22-32 Ježiš uzdravil človeka posadnutého démonom, ktorý bol slepý a nemý. Ale počuli to farizeji a povedali: „ *Tento len mocou Belzebula, kniežaťa zlých duchov, vyháňa zlých duchov.* " (v. 24). Odsúdili Božie dielo za dielo démona.

V Mt 12, 31-32 im Ježiš povedal: „ *Preto vám hovorím: Ľuďom sa odpustí každý hriech i rúhanie, ale rúhanie proti Duchu sa neodpusti. Ak niekto povie niečo proti Synovi človeka, odpustí sa mu to. Kto by však povedal niečo proti Duchu Svätému, tomu sa neodpustí ani v tomto veku ani v budúcom.* "

Farizeji došli k záveru, že to, čo Ježiš urobil Božou mocou, bolo dielo démona. To je rúhanie sa Duchu Svätému. A preto týmto farizejom nemohlo byť odpustené.

Ak jasne rozlišujete medzi pravdou a lžou skrze Bibliu, nebude súdiť ostatných ľudí, ani nebudete oklamaní tým, čo je falošné.

Poďme sa ponoriť hlbšie do „kacírstva" z Božieho pohľadu, a ako rozlišovať medzi Duchom Svätým a zlými duchmi, a tiež sa pozrime na niektoré kacírske sekty, s ktorými musíte byť opatrní.

Biblická definícia kacírstva

Oxfordský slovník definuje „kacírstvo" ako „vieru alebo názor, ktorý je proti princípom určitého náboženského vyznania."

Pavol bol obvinený z vedenia kacírskej sekty

Sk 24, 5 uvádzajú, že: „*Zistili sme totiž, že tento človek je ako morová nákaza a vyvoláva nepokoje medzi všetkými Židmi po celom svete a je aj pôvodcom vzbury nazaretskej sekty.*" „Nazaretská sekta" tu odkazuje na „kacírske sekty" a toto je prvýkrát, čo sa slovo „kacírsky" objavuje v Biblii.

Židia obvinili Pavla pred guvernérom, pretože si mysleli, že evanjelium, ktoré Pavol kázal, bolo kacírske. Pavol vyvrátil obvinenia a verejne potvrdil jeho vieru, ako je zaznamenané v Sk 24, 13-16.

Ani ti nemôžu dokázať to, čo teraz na mňa žalujú. No priznávam sa ti, že slúžim Bohu svojich otcov podľa Cesty, ktorú volajú sektou a verím všetko, čo je napísané v Zákone a u Prorokov. A mám nádej v Bohu, že bude vzkriesenie spravodlivých i nespravodlivých, čo aj oni sami očakávajú. Preto sa aj ja stále usilujem; aby som mal svedomie bez úhony pred Bohom i pred ľuďmi.

Bol apoštol Pavol skutočne kacír?

Mali by ste sa pozrieť na definíciu kacírstva v Biblii, pretože Biblia je Božie Slovo, jediné pravé Bytie, ktoré dokáže rozlíšiť pravdu od lži. Definícia kacírstva je popísaná v 2 Pt 2, 1:

V ľude však boli aj falošní proroci; tak budú medzi vami falošní učitelia, ktorí budú vnášať zhubné rozkoly; budú zapierať Pána, ktorý ich vykúpil, a tým privedú na seba náhlu záhubu.

„Pán, ktorý ich kúpil" odkazuje na Ježiša Krista. Človek pôvodne patril Bohu a žil podľa Jeho vôle. Ale po jeho neuposlúchnutí sa Adam stal hriešnikom patriacim diablovi. Boh sa však zľutoval nad ľuďmi, ktorí boli na ceste smrti. Boh poslal Ježiša, svojho jediného Syna, ako dar na uzmierenie a dovolil, aby bol ukrižovaný, aby tak skrze Jeho krv otvoril cestu spasenia.

Boh pracoval pre nás, ktorí sme kedysi patrili diablovi, aby ak veríme v Ježiša Krista, boli naše hriechy odpustené. Získali sme tiež život a začali sme znovu patriť Bohu. To je dôvod, prečo môžeme tvrdiť, že Ježiš nás kúpil svojím ukrižovaním a Biblia vám hovorí, že Ježiš je „Pán, ktorý ich kúpil."

Kacíri popierajú Ježiša Krista

Už viete, že „kacír" sa odvoláva na „*Tých, ktorí popierajú Pána, ktorý ich vykúpil, a tým privedú na seba náhlu záhubu*" (2 Pt 2, 1). Tento termín nebol nikdy používaný až dovtedy, kým Ježiš nedokončil svoje poslanie ako Spasiteľ. Meno „Ježiš" znamená „[kto] vyslobodí svoj ľud z hriechov." „Kristus" je „ten pomazaný." Ježiš sa stal Spasiteľom až po tom, čo splnil svoje poslanie – bol ukrižovaný a vzkriesený.

To je dôvod, prečo tento termín nemôžete nájsť v Starom zákone alebo v evanjeliách podľa Matúša, Marka, Lukáša a Jána, v ktorých je zaznamenaný Ježišov život. Dokonca aj farizeji, učitelia zákona a kňazi, ktorí prenasledovali Ježiša nepoužívali tento výraz. A nebol používaný ani veľkňazmi.

Až po tom, čo bol Ježiš vzkriesený, aby dovŕšil Jeho poslanie Krista, objavil sa výraz „ľudia popierajúci Pána, ktorý ich vykúpil." A až potom nás začala Biblia varovať pred týmito kacírmi.

Preto, ak ľudia veria v Ježiša Krista ako v „Pána, ktorý ich vykúpil," nie sú kacírmi. Ak to však popierajú, tak sú kacírmi.

Apoštol Pavol nezaprel Ježiša Krista, ktorý ho Jeho drahou krvou kúpil. Namiesto toho, Pavol vzdával vďaky Ježišovi Kristovi, ktorého ohlasoval kdekoľvek šiel, a preto bol Pavol prenasledovaný a musel zaplatiť vysokú cenu. Päťkrát bol Židmi tridsaťdeväťkrát bičovaný. Raz bol kameňovaný. Bol uväznený, prenasledovaný pohanmi a vlastnými krajanmi a bol zradený tými, ktorým veril. Cez to všetko sa Pavol stal mužom veľkej moci, pretože s radosťou a s vďačnosťou prekonal tieto utrpenia, oslavoval Boha tým, že v mene Ježiša Krista uzdravil nespočetné množstvo ľudí až do posledného dňa, kedy zomrel mučeníckou smrťou.

Pavol kázal evanjelium preukazovaním Božej moci

Mali by ste vedieť, že Božiu moc nemôžu preukázať tí, ktorí popierajú Boha Stvoriteľa a Ježiša Krista, ktorý je vo svojej podstate Boh, pretože Biblia jasne hovorí: *„Raz prehovoril Boh, počul som toto dvoje: že Boh je mocný"* (Ž 62, 12).

Nesmiete súdiť človeka, ktorý preukazuje Božiu moc, pretože tá moc dokazuje, že Boh je s ním a že tá osoba Ho veľmi miluje. V Gal 1, 6-8 Pavol, ktorého nazývali vodcom nazaretskej sekty, prísne varuje pred nasledovaním alebo hlásaním iného evanjelia ako posolstva kríža:

> *Čudujem sa, že od toho, ktorý vás povolal v Kristovej milosti, tak rýchlo prebiehate k inému evanjeliu. Ono ani nie je iné, ibaže sú niektorí, čo vás mätú a chcú prekrútiť Kristovo evanjelium. Ale keby sme vám hlásali my alebo aj anjel z neba iné evanjelium, ako sme vám hlásali, nech je prekliaty!*

Dokonca aj dnes sú niektorí ľudia považovaní za kacírov, aj napriek tomu, že nikdy nepopierali Ježiša Krista, ale len kázali evanjelium Krista a ohlasovali živého Boha tým, že preukazovali Jeho moc a pracovali s ňou.

Neodsudzujte ostatných ľudí za kacírov nedbalo

Tiež som trpel a znášal sériu skúšok tým, že som bol obvinený z kacírstva, pretože som preukazoval Božiu moc a moja cirkev sa rozrastala. V skutočnosti sa veľkosť kongregácie, od založenia cirkvi v roku 1982, rozrástla na viac než 120 000 členov za menej ako tri desaťročia.

Sedem rokov som trpel mnohými chorobami a naraz som bol uzdravený Božou mocou. Potom som sa snažil žiť pre slávu Božiu, či som jedol alebo pil, presne ako to robil apoštol Pavol. Odovzdal som svoj život do Božích rúk a zameral som sa na „Iba Ježiš, vždy Ježiš."

Odkedy som bol laik, snažil som sa svedčiť o tom, že Boh ma uzdravil a kázal som evanjelium. Potom, keď som bol povolaný ako Boží služobník, kázal som posolstvo kríža a ohlasoval živého Boha a Ježiša Spasiteľa. O Bohu som svedčil dokonca aj vtedy, keď som slúžil na svadbe, pretože som chcel horlivo viesť viac ľudí na cestu spásy.

Uvedomil som si, že aj mocné Božie Slovo a aj dôkaz živého Boha boli nutné na to, aby som bol svedkom Pána až do konca vekov. Tak som sa vrelo modlil rovnako ako predkovia viery, aby som prijal Božiu moc a s vďačnosťou a s radosťou prešiel všetkými skúškami, ktoré mi boli pripravené.

Niekedy to boli smrteľné skúšky. Avšak tak, ako Ježiš získal slávu vzkriesenia po Jeho nevinnej smrti, tak aj ja, kedykoľvek som prekonal skúšku jednu po druhej, bol som Bohom obdarený stále väčšou silou podľa Jeho vôle.

Ako výsledok, zakaždým, keď som po celom svete, v Keni, v

Ugande, na Hondurase, v Japonsku, a aj v silne moslimskom Pakistane a hinduizmom ovládanej Indii, od roku 2000 svedčil, prečo je Boh jediný pravý Boh a prečo ste spasení, keď veríte v Ježiša Krista, desiatky tisícov ľudí konalo pokánie, slepí videli, nemí hovorili, hluchí počuli a nevyliečiteľné choroby, ako je AIDS a rôzne druhy rakoviny, boli vyliečené. Tieto zázraky úžasne oslavovali Boha.

Preto ten, kto plne chápe, čo je kacírstvo, neodsudzuje ostatných za kacírov nedbalo. V Sk 5, 33-42 čítate o Gamalielovi, učiteľovi zákona, ktorý bol rešpektovaný všetkými ľuďmi. Čo robil?

V tej dobe farizeji najvyššej rady Sanhedrin zakázali Petrovi a Jánovi svedčiť o Ježišovi Kristovi. Oni však boli plní Ducha Svätého a neuposlúchli ich. To znamená, že členovia Sanhedrinu chceli apoštolov zabiť. Napriek tomu, Gamaliel v Sanhedrine vstal a nariadil, aby tých ľudí vyviedli na chvíľu von. Potom im povedal:

Mužovia, Izraeliti, dobre si rozmyslite, čo chcete urobiť s týmito ľuďmi. Lebo prednedávnom povstal Teudas a hovoril, že on je niekým, a pridalo sa k nemu okolo štyristo mužov. No zabili ho a všetci, čo mu verili, boli rozprášení a zničení. Po ňom v dňoch súpisu povstal Júda Galilejský a strhol za sebou ľud. Aj on zahynul a všetci jeho stúpenci sa rozpŕchli. Preto vám teraz hovorím: Nechajte týchto ľudí a prepustite ich, lebo ak je tento zámer alebo toto dielo od ľudí, rozpadne sa, ale ak je od Boha, nebudete ich môcť rozvrátiť. Aby ste sa neocitli v boji proti Bohu!" I súhlasili s ním.

Pri čítaní tejto pasáže si uvedomíte, že ak podivuhodné dielo nebolo od Boha, nakoniec by zlyhalo, aj keby ľudia nepodnikli nič, aby to zastavili. Napriek tomu, aj keby boli proti alebo rušili diela, ktoré sú od Boha, nemohli by tieto diela zastaviť. Namiesto toho sa ich snaha v ničom nelíši od boja proti Bohu, a preto budú vystavení Jeho trestu a súdu.

Niekedy ľudia odsudzujú iných ľudí za kacírov kvôli rozdielom vo výklade Biblie, víziam od Ducha Svätého a dokonca aj reči v jazykoch, aj keď všetci uznávajú Najsvätejšiu Trojicu a to, že Ježiš Kristus prišiel v ľudskom tele.

Niektorí ľudia dokonca hovoria, že nepotrebujú jazyk a vízie, a že tieto diela Ducha Svätého sú zlé, pretože nie je žiadny záznam o tom, že Ježiš hovoril v jazykoch alebo mal vízie. Avšak Biblia hovorí, že tieto sú pre nás dobré:

> *Každý však dostáva prejavy Ducha na všeobecný úžitok. Jeden dostáva skrze Ducha slovo múdrosti, iný podľa toho istého Ducha slovo poznania, iný vieru v tom istom Duchu a iný v tom istom Duchu dar uzdravovať, iný schopnosť robiť zázraky, iný prorokovať, iný rozlišovať duchov, iný dar rozličných jazykov a iný vysvetľovať jazyky. Ale toto všetko pôsobí jeden a ten istý Duch, ktorý rozdeľuje každému, ako chce.*

V dôsledku toho by ste nemali ohovárať alebo odsudzovať tých, ktorí majú rôzne druhy darov Ducha, za kacírov len preto, že sami s tým nemáte skúsenosti.

Duch pravdy a duch bludu

V 2 Pt 2, 1-3 je vysvetlenie o kacírstve. Biblia vás varuje pred falošnými prorokmi a učiteľmi, ktorí tajne predvádzajú deštruktívne kacírstvo. *„Mnohí budú nasledovať ich výstrednosti a pre nich budú potupovať cestu pravdy. Vo svojom lakomstve budú vás vykorisťovať falošnými rečami. Ich odsúdenie sa pripravuje už oddávna a ich záhuba nedrieme."* (2 Pt 2, 2-3).

Aj v 1 Jn 4, 1-3 je napísané: *„Milovaní, neverte každému duchu, ale skúmajte duchov, či sú z Boha, lebo do sveta vyšlo mnoho falošných prorokov. Božieho Ducha poznáte podľa tohoto: Každý duch, ktorý vyznáva, že Ježiš Kristus prišiel v tele, je z Boha. Duch, ktorý nevyznáva Ježiša, nie je z Boha. To je duch antikrista, o ktorom ste počuli, že príde, a už teraz je na svete."*

Každého ducha overujte, či je od Boha, alebo nie je

Existujú dobrí duchovia, ktorí patria Bohu a vedú vás ku spáse, a sú tiež zlí duchovia, ktorí vás oklamú k záhube.

Na jednej strane, ten, komu je daný Duch Svätý, potvrdzuje, že Ježiš Kristus prišiel v ľudskom tele. Verí v Najsvätejšiu Trojicu – Boh, Ježiš Kristus a Duch Svätý, a tak je Božím dieťaťom. S pomocou Ducha dokáže pochopiť pravdu a žiť podľa pravdy.

Na druhej strane ten, kto má ducha antikrista, oponuje Ježišovi Kristovi s Božím Slovom a popiera jeho vykúpenie. Musíte byť opatrní a musíte byť schopní rozlíšiť antikristov, pretože antikrist často pracuje medzi veriacimi zneužívaním Božieho Slova.

V každom prípade, popierať Ježiša Krista sa v ničom nelíši od boja proti Bohu, ktorý Ho poslal na tento svet.

V 2 Jn 1, 7-8 varuje biblia pred antikristom takto:

A to je láska: žiť podľa jeho prikázaní. To je to prikázanie, ktoré ste počuli od začiatku, aby ste podľa neho žili. Lebo vyšlo do sveta mnoho zvodcov, ktorí nevyznávajú, že Ježiš Kristus prišiel v tele. To je zvodca a antikrist.

V 1 Jn 2, 19 je pre nás ďalšie varovanie:

Spomedzi nás vyšli, ale neboli z nás. Lebo keby boli z nás boli by zostali s nami. No malo sa ukázať že tí všetci nie sú z nás.

Existujú dva typy antikrista: človek, ktorý je posadnutý duchom antikrista a človek, ktorý je oklamaný duchom antikrista. Obaja sa snažia oklamať ľudí tam, kde prebýva Duch Svätý. Ovládnu ľudí tak, aby oponovali Božiemu Slovu a oklamú ich prostredníctvom ich myšlienok. Ľudia, ktorých myšlienky sú dôkladne kontrolované duchom antikrista sa nazývajú „posadnutí démonmi."

Ak dostal ducha antikrista kňaz, členovia cirkvi sú ovládnutí duchom antikrista a pokračujú po ceste do zatratenia.

Z tohto dôvodu musíte jasne poznať Ducha pravdy a ducha

bludu, aby ste neboli oklamaní duchom antikrista, ale žili podľa pravdy a svetla.

Ako rozlíšiť duchov

1 Jn 4, 5-6 hovorí: *„Oni sú zo sveta, preto hovoria podľa sveta a svet ich počúva. My sme z Boha. Kto pozná Boha, počúva nás. Kto nie je z Boha, ten nás nepočúva. Podľa toho poznávame Ducha pravdy a ducha bludu."*

Termín „bludu" odkazuje na „vyhlásenie, ktoré je nepravdivé." Duch bludu je pozemský duch, ktorý vás klame, aby ste uverili tomu, čo nie je pravda, ako keby to bola pravda, a to vás prinúti opustiť hranice viery. Konkrétne, ten, kto patrí Bohu, počúva Slovo pravdy, ale ten, kto patrí svetu, nepočúva pravdu, ale svetské reči. A preto je ľahké ich rozpoznať. Keď budete poznať pravdu, bude vám jasné, či je to svetlo alebo tma. Potom môžete povedať: „Tento človek je v pravde, ale tá osoba je v tme."

Napríklad, keď v nedeľu jeden povie: „Poďme na piknik v popoludňajších hodinách. Pôjdeme iba na rannú omšu. Nestačí to?", alebo keď sa snaží zničiť Božie kráľovstvo robením zlých podvodov a stále tvrdí, že verí v Boha, to je dielo ducha bludu.

Môžete pochopiť veľa vecí, ktoré vám Boh otvorene dáva, ak dostanete Ducha pravdy, ktorý je od Boha (1 Kor 2, 12). To je dôvod, prečo Duch Svätý prebýva vo vás – v drahom Božom dieťati. On je Duch pravdy a vedie vás do všetkej pravdy. Nechce hovoriť sám zo seba, On hovorí iba to, čo počuje a On vám povie to, čo má ešte len prísť.

Preto Ježiš v Jn 14, 17 hovorí: *„Ducha pravdy, ktorého svet* *nemôže prijať, lebo ho nevidí, ani nepozná. Vy ho poznáte, veď ostáva u vás a bude vo vás. "* V Jn 15, 26 je ďalšia pripomienka o Duchom Svätom: *,, Keď príde Tešiteľ, ktorého vám ja pošlem od Otca, Duch pravdy, ktorý vychádza od Otca, on o mne vydá svedectvo. "*

1 Kor 2, 10 tiež hovorí: *,,Ale nám to Boh zjavil skrze Ducha, lebo Duch skúma všetko, aj Božie hlbiny. "* Ako je napísané, Duch Svätý je jediný, kto pozná a plne vníma Božiu myseľ.

V dôsledku toho tí, ktorí prijali Ducha pravdy počúvajú Slovo pravdy a riadia sa ním. Čím viac sú Božie kráľovstvo a Jeho spravodlivosť rozšírené, tým viac sa radujú. Sú plní života a túžby po nebeskom kráľovstve.

Napriek tomu, niektorí jednoducho chodia do kostola bez radosti, pretože nemajú Bohom vytvorenú vieru. Stále patria svetu a dávajú prednosť svetským veciam, ako sú peniaze a zábava. A tak nemôžu žiť v pravde, túžiť po nebeskom kráľovstve alebo milovať Boha z celého srdca.

Nakoniec títo ľudia opúšťajú Boha duchom bludu, pretože patria do sveta a nemajú Ducha pravdy. Taktiež, ak niekto ohovára a klebetí o iných bratoch a sestrách viery alebo ruší ostatných v závisti, že sú verní Božiemu kráľovstvu a Jeho spravodlivosti, nie je z Ducha pravdy.

Nedovoľte nikomu, aby vás zviedol z cesty

1 Jn 3, 7 na nás takto nalieha: *,,Deti moje, nech vás nik nezvedie. Kto koná spravodlivo, je spravodlivý, ako je on spravodlivý. "* Nemali by ste sa odvrátiť od Božieho Slova, aby

ste neboli oklamaní nepravdivými znalosťami, pretože nič iné okrem Božieho Slova vás nemôže učiť. Až potom získate úplnú spásu, budete prosperovať na tomto svete a tešiť sa z večného života v nebeskom kráľovstve.

Avšak diabol vynakladá všetko úsilie, aby zabránil Božím deťom žiť podľa Slova a núti vás robiť so svetom kompromisy, odvráti vás od Boha, začnete o Ňom pochybovať a budete proti Nemu. V 1 Pt 5, 8 hovorí: *„Buďte triezvi a bdejte! Váš protivník, diabol obchádza ako revúci lev a hľadá, koho by zožral."*

Ako teda môže nepriateľ diabol a Satan oklamať Božie deti? Môžete si to prirovnať k žene, ktorú zvádza muž. Ak sa žena nesie pôvabne a dôstojne a správa sa slušne, muži si nedovolia ju zvádzať. V opačnom prípade, ak sa nespráva správne, muž ju môže ľahko zviesť. Rovnako pristupuje aj nepriateľ diabol a Satan k tomu, kto nestojí pevne v pravde a má pochybnosti o Bohu. Diabol zvádza týchto ľudí, aby sa odvrátili od Boha a boli proti Nemu a nakoniec ich vedie na cestu smrti. Eva bola tiež pokúšaná diablom, pretože bola prichytená nepripravená pri prekrúcaní Božieho Slova.

Samozrejme, že môžete naraziť na skúšky, aj keď ste bez chyby. To preto, že Boh vás chce požehnať spôsobom, aký môžete vidieť v Danielovej skúške, keď bol hodený do jamy levovej alebo Abrahámovej skúške obetovať syna ako zápalnú obetu.

Keď budete čeliť pokusom alebo problémom, pretože nestojíte pevne v pravde, mali by ste sa okamžite s ľútosťou odvrátiť od svojich hriechov, Božím Slovom sa zbaviť všetkých pokušení a skúšok, a snažiť sa čo najlepšie stáť pevne na skale pravdy .

Stojte pevne v pravde; nenechajte sa oklamať

V 1 Tim 4, 1-2 autor píše: *„Duch výslovne hovorí, že v posledných časoch niektorí odpadnú od viery a budú sa pridržiavať zvodných duchov a učenia démonov, zvedení pokrytectvom luhárov, ktorí majú na svedomí vypálené znamenie. "*

Toto sa týka neskoršej doby, kedy niektorí ľudia, ktorí tvrdia, že veria, odvrátia sa od viery nasledovaním zlých duchov a poznatkov učenými týmito démonmi.

Oklamaní ľudia sú pokryteckí, aj keď sa ich počínanie zdá byť verné a spravodlivé. Modlia sa pred ostatnými a snažia sa byť verní kvôli peniazom, nie z vďačnosti za Božiu milosť. Napokon opustia svoju vieru a idú cestou smrti, pretože ich svedomie je spálené ako horúcim železom, klamaním, životom bez pravdy a oddávaním sa svetskej zábave.

Boh vás skrze Bibliu prísne varuje, aby ste neboli oklamaní. V Mt 7, 15-16 nás Ježiš varuje: *„Chráňte sa falošných prorokov: prichádzajú k vám v ovčom rúchu, ale vnútri sú draví vlci. Poznáte ich po ovocí. Veď či oberajú z tŕnia hrozná alebo z bodliakov figy? "*

Ľudské slová a činy odrážajú myšlienky a vôľu človeka. To znamená, že ste schopní rozpoznať ľudí podľa ich ovocia. Ak má niekto plody zla, ako je nenávisť, závisť a žiarlivosť namiesto ovocia pravdy, dobra a spravodlivosti, je to falošný prorok.

Mnoho falošných prorokov, antikristov, už je na tomto svete. Preto Božie deti potrebujú kacírstvu dobre rozumieť a rozlišovať medzi duchom pravdy a duchom bludu.

Nepriateľ diabol a Satan nikdy nepremeškó príležitosť, aby oklamal Božie deti a primäl ich zhrešiť, kedykoľvek v pravde váhajú. Ak ste stabilní v pravde a riadite sa ňou, nebudete oklamaní duchom bludu, ale ľahko ho porazíte, aj keď sa k vám priblíži.

Nesmiete pripustiť alebo sa pridať k inému učeniu, ani sa nechať oklamať tými učeniami, ktoré sú proti pravde. Namiesto toho, počúvajte Božie Slovo a riaďte sa želaniami Ducha Svätého, aby ste boli odvážni a bez úhony na druhý príchod nášho Pána Ježiša Krista.

Ježiš nám hovorí, že: „*Dobrý človek vynáša z dobrého pokladu dobré veci a zlý človek vynáša zo zlého pokladu zlé. No hovorím vám: Ľudia sa budú v deň súdu zodpovedať z každého daromného slova, ktoré vyslovia. Lebo podľa svojich slov budeš ospravedlnený a podľa svojich slov budeš odsúdený.* " (Mt 12, 35-37).

Dobrý človek má dobré srdce a nemôže spôsobiť zlo a škodiť ostatným ľuďom, bez ohľadu na to, či je skutok pre neho výhodný alebo nie.

Avšak zlý človek sa nemôže v pravde radovať. Zo závisti a žiarlivosti používa každý druh zla, aby zakopli aj iní. Aj keď jeho slová sa zdajú byť správne a spravodlivé, nemôžete povedať, že je to dobrý človek, ak má v úmysle hovoriť zle o ostatných ľuďoch a odcudziť jednu osobu od druhej.

Preto sa vždy musíte modliť a dávať pozor, aby ste neboli oklamaní. Musíte byť schopní rozlíšiť, či sú duchovia pravdiví alebo nie a nikdy nikoho nesúdiť. Okrem toho, mali by ste stáť vo viere v Najsvätejšiu Trojicu – Otca, Syna a Ducha Svätého, veriť celej Biblii, riadiť sa ňou a žiť podľa nej.

„ Príď, Pane Ježišu!"

Autor :
Dr. Jaerock Lee

Dr. Jaerock Lee sa narodil v roku 1943 v Muane v Jeonnamskej provincii v Kórejskej republike. V jeho dvadsiatich rokoch, Dr. Lee sedem rokov trpel mnohými nevyliečiteľnými chorobami a bez nádeje na uzdravenie čakal na smrť. Jedného dňa, na jar v roku 1974, ho jeho sestra vzala do kostola, a keď pokľakol k modlitbe, živý Boh ho okamžite uzdravil zo všetkých chorôb.

Od toho okamihu, kedy Dr. Lee stretol živého Boha prostredníctvom tejto úžasnej skúsenosti, miluje Boha celým svojím srdcom a úprimnosťou a v roku 1978 bol povolaný, aby sa stal Božím služobníkom. Vrúcne sa modlil, aby mohol jasne pochopiť Božiu vôľu, úplne ju vyplniť a dodržiavať celé Božie Slovo. V roku 1982 založil Manminskú centrálnu cirkev v Soule v Kórei. V jeho cirkvi sa uskutočňuje nespočetné množstvo Božích skutkov, vrátane zázračných uzdravení a zázrakov.

V roku 1986 bol Dr. Lee vysvätený za pastora na výročnom zhromaždení Ježišovej Sungkyulskej cirkvi Kórei a o štyri roky neskôr v roku 1990, začali vysielať jeho kázne v Austrálii, v Rusku, na Filipínach, a v mnohých ďalších krajinách prostredníctvom rozhlasových staníc Far East Broadcasting Company, Asia Broadcast Station a Washington Christian Radio System.

O tri roky neskôr – v roku 1993 – bola Manminská centrálna cirkev vybraná kresťanským časopisom *Christian World* (USA) za jednu z „50 najlepších svetových cirkví" a z univerzity Christian Faith College na Floride v USA dostal Dr. Lee čestný doktorát bohoslovia. V roku 1996 na teologickom seminári Kingsway Theological Seminary in Iowa in USA dosiahol PhD. v Službe.

Od roku 1993 má Dr. Lee vedúce postavenie vo svetovej missi prostredníctvom mnohých zahraničných výprav do Tanzánie, Argentíny, L.A., Baltimore City, na Havaj, do New Yorku v USA, na Ugandu, do

Japonska, do Pakistánu, do Kene, na Filipíny, na Honduras, do India, do Ruska, do Nemecka, do Peru, do Demokratickej Republiky Kongo a do Izraela. V roku 2002 bol hlavnými kresťanskými novinami Christian newspapers v Kórei nazvaný „celosvetový pastor" kvôli jeho práci na rôznych zámorských výpravách Great United Crusades.

Od Marci 2013 má Manminská centrálna cirkev kongregáciu s viac ako 120 000 členmi. Existuje 10 000 domácich a zahraničných odvetví cirkvi po celom svete, a zatiaľ viac ako 129 misionárov bolo poverených v 23 krajinách, vrátane Spojených štátov, Ruska, Nemecka, Kanady, Japonska, Číny, Francúzska, Indie, Kene a mnoho ďalších krajín.

K dátumu tohto uverejnenia, Dr. Lee je autorom 84 kníh, vrátane bestsellerov *Ochutnať Večný Život pred Smrťou, Môj Život Moja Viera I a II, Posolstvo Kríža, Miera Viery, Nebo I a II, Peklo* a *Božia Moc.* Jeho diela sú preložené do viac ako 75 jazykov.

Jeho kresťanský stĺpec je vydávaný v časopisoch *The Hankook Ilbo, The Chosun Ilbo, The JoongAng Daily, The Dong-A Ilbo, The Munhwa Ilbo, The Seoul Shinmun, The Kyunghyang Shinmun, The Korea Economic Daily, The Korea Herald, The Shisa News* a *The Christian Press.*

Dr. Lee je v súčasnosti vodcom mnohých misijných organizácií a asociácií. Je predsedom Zjednotenej cirkvi svätosti Ježiša Krista, prezidentom Manminskej svetovej misie, trvalým prezidentom Misijnej organizácie pre obnovenie svetového kresťanstva, zakladateľom a predsedom rady Globálnej kresťanskej siete (GCN), zakladateľom a predsedom rady Svetovej siete kresťanských lekárov (WCDN) a zakladateľom a predsedom rady Manminského medzinárodného seminára (MIS).

Nebo I & II

Detailný náčrt úžasného života, ktorý si vychutnávajú nebeskí obyvatelia a krásny opis rôznych úrovní nebeských kráľovstiev.

Môj Život, Moja Viera I & II

Najvoňavejšia duchovná aróma získaná zo života, ktorý kvitol neporovnateľnou láskou k Bohu, uprostred temných vĺn, studených okovov a najhlbšieho zúfalstva.

Ako Chutí Večný Život pred Smrťou

Svedecké memoáre Dr. Jaerocka Leeho, ktorý bol znovuzrodený a zachránený od údolia tieňov smrti, a ktorý viedol dokonalý príklad kresťanského života.

Miera Viery

Aký príbytok, koruna a odmeny sú pre vás pripravené v nebi? Táto kniha poskytuje múdrosť a vedenie pre zmeranie vašej viery a pre vypestovanie si najlepšej a najvyzretejšej viery.

Peklo

Úprimné posolstvo celému ľudstvu od Boha, ktorý si neželá, aby čo len jedna duša upadla do hlbín pekla! Objavíte krutú realitu nižšieho záhrobia a pekla tak, ako ešte nikdy nebola odhalená.